JN085980

子どもに寄り添う
ライフストーリーワーク

園部博範・秋月穂高 編著
Hironori Sonobe & Hodaka Akizuki

社会的
養護の
現場から

LIFE STORY WORK

北大路書房

はじめに

　『子どもに寄り添うライフストーリーワーク』をご購入いただきありがとうございました。この本は九州で培ってきたライフストーリーワークの知識を全国の社会的養護に携わる方々と共有すること，あるいはライフストーリーワークの実践がもっと広がりを見せてくれたらとの願いから作成されたものです。ライフストーリーワークを実際に行うにはそれなりの知識や時間，さらにさまざまな困難に立ち向かうようなある種の勇気も必要になります。ライフストーリーワークは子どもの「意見表明権」や「知る権利」を扱っているのですが，この子どもの権利については，2017年の国の「新しい社会的養育ビジョン」の中でも多くの箇所で取り上げられています。しかし，子どもの権利についての考えが社会的養護に携わる人たちに浸透しているわけではありません。悲しい話ですが，今でも子どもへの暴力や子どもの発言への無視などが行われています。そういった意味でも，このライフストーリーワークが，社会的養護に携わる人たちに，子どもの権利擁護をもたらすものだと信じています。

　私たちがライフストーリーワークを初めて知ったのは，2009年の「第15回日本子ども虐待防止学会（JaSPCAN）」での早稲田大学の平田修三先生の分科会でした。このJaSPCANでの発表を機会に私たちは，その魅力に導かれ，児童相談所や児童養護施設の仲間たちと研究会を立ち上げ，当時帝塚山大学に在職だった才村眞理先生を招いたりしてその手法や考え方を学んできました。

　しかし，研究会を重ねるうちに，ライフストーリーワークを行うことの難しさを知りました。研究会には児童相談所，児童養護施設，乳児院などの職員が参加していましたが，それぞれの職場はさまざまな職務に追われ，1つのケースにじっくり取り組む余裕さえなかったのです。誰もが，ライフストーリーワークが子どもの権利を護り，子どものアイデンティティを

形づくり，子どもの自立を促すということの意義に当然気づいています。それでも，ライフストーリーワークを通して1人の子どもに向かい合うことがどれだけ時間的にも，労力的にも難しいことかに気づき始めたのです。さらに，ライフストーリーワークを行うには，それなりの知識や経験がないとできないので，それをカバーする仲間や指導者も必要になります。そしてまた保護者や管理者の同意も必要になります。実際にライフストーリーワークを行うためには多くのハードルを乗り越えなければならないのです。このような状況がわかると，ライフストーリーワークから遠ざかろうとする人もいたのです。だからといって，私たちが行ってきたライフストーリーワークの取り組みが徒労に終わったわけではありません。確実にライフストーリーワークの意義は，多くの乳児院や児童養護施設，児童相談所などの職員に伝わったと思われますし，中には，実際ライフストーリーワークを自分なりに実施したり，ケース検討会を行ったりしている児童養護施設も少しずつ増えてきています。したがって，ある程度ライフストーリーワークは，社会的養護の関係者に周知されたと考えています。ただし，その内容や方法については，それぞれが不安や葛藤をもちながら今も行っているのが現状でしょう。

　こういった事情もあり，今回ライフストーリーワークを行うために私たちが子どもとの日常生活において知っておくことや実際にライフストーリーワークを行うにあたっての基礎的な知識や方法について，この本でわかりやすく解説し，そして読者の方々にもご意見をいただきたいと思っています。

　この本の第1章から第5章までは，ライフストーリーワークの実践に向けての解説を行い，第6章では乳児院，児童養護施設，児童相談所，里親の事例を紹介しています。児童養護施設や里親家庭では，真実告知だけを行うことが多いので，ライフストーリーワークの事例と真実告知の2つの事例を紹介しています。その後には実際の当事者にも登場していただき，自分の生い立ちやこれまでの生活の体験を書いていただきました。また，事例提供者からのコメントや読者へのメッセージでは，実際にライフストーリーワークを行うために役に立つヒントを載せております。できるだ

けわかりやすく，読者の目線で書いたつもりですが，まだまだ私たちも多くの経験を積んでいるわけではありません。今後も読者の方々と交流を重ねながら経験を広げていきたいと考えております。

　最後に，いろいろご苦労されながら今の生活をゆるぎないものとして，温かい家庭をつくってこられた永岩味樹さんには，私たちのために体験記のご執筆を快く引き受けていただき，この場を借りて感謝申し上げます。

2020 年 6 月

編者　　園部　博範

はじめに

目　次

目
次

目
次

第 1 章

社会的養護下の子どもたち
を取り巻く環境

1. 社会的養護の現状

　社会的養護とは，保護者のいない子どもや，保護者がいても虐待などで育てることができない子どもを，社会的な責任で養育したり支援したりすることを指します。これらの子どもたちは，主に児童相談所の決定によって，乳児院，児童養護施設，里親などに預けられ育てられて，代替養育を受けることになるのです。つまり，社会的養護においては，私たち大人がつくったこれらの制度によって，私たちが責任をもって育てるということになるのです。

　この責任をもって育てるということには，大きな意味があります。仕組みとしては 18 歳までに子どもを自立させるという大きな目標がありますが，社会的養護下の子どもは，さまざまな事情の家族の影響を受けて育っているため，愛着形成に問題があったり，心に傷をもっていたりするため，養育がスムーズに行われるとは限りません。したがって，子どもがどんな気持ちで施設や里親家庭にいるのか，どんな関わりを求めているのかを見極め，それに答えなければなりません。それには専門的な知識や経験が必要になるのです。

　先に述べたように子どもが 18 歳までに自立するというのは，現代社会においては，きわめて難しいことです。ましてや，虐待などの影響を受け，自分の人権を大人によって無視された子どもにとって，支援者である大人との生活は不信に満ちたものであると思われます。これらを乗り越え，支援者との信頼を取り戻すためには，子どもの人権を深く理解し，それを子どもと考える姿勢が問われてくるのです。

　さらに，支援者にのしかかってくるのが，18 歳までに自立させなければならないということです。このことについては，さまざま議論が起こっていますが，パーマネンシーという概念がよく引用されています。この言葉は恒久的解決といわれたりしますが，子どもが生きるために必要な人間関係や生活を保障するという意味に使われているものです。しかし，言葉は掲げられてはいますが，未だその答えは遠くにあり，答えを見出すには時

間がかかるように思われます。それは現代社会において，支援者が 18 歳までに子どもの社会的自立の形成に，永続的に影響を与えることが非常に難しいからです。

　現在，社会的養護で保護され養育を受けている子どもは，2019 年の厚生労働省によると 4 万 5,000 人で，ご存じのとおり子どもの出生数は減少しているにもかかわらず，その数はほとんど減ってはいません。このことから保護される割合の子どもが増加したともいえるのです（野口，2018）。

　一方，最近マスコミ等で取り上げられている児童虐待件数は，毎年増加傾向にあります。平成 30 年度の児童相談所による児童虐待相談対応件数は 15 万 9,850 件（速報値）で，前年度より 2 万 6,072 件（19.5％）増加し，その特徴としては心理的虐待が増えています（厚生労働省，2019b：図 1-1）。心理的虐待については，警察からの面前 DV による通告が増えているともいわれています。いずれにしろ，10 年前に比べ 10 万件以上も増えていて，毎年の増加に歯止めが利かない状態です。

　昨今話題となっている「こども食堂」は，NPO 法人全国こども食堂支援センターむすびえ（2019）によると，現在，全国に 3,700 か所以上あるといわれて，3 年間で 12 倍以上に増えています。「こども食堂」は厚生労働省の 2018 年の通知によると「地域のボランティアが子どもたちに対し，無料又は安価で栄養のある食事や温かな団らんを提供する取り組み」とし，子どもに食事を提供し子どもの居場所づくりになっているばかりか，「お

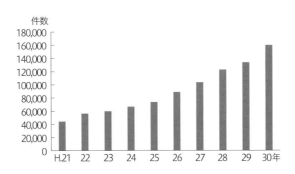

図 1-1　児童虐待相談対応件数（過去 10 年間）（厚生労働省，2009b より作成）

年寄りや障がい者などの地域住民の交流の場として，大きな役割を果たしてきている」とされています。この「こども食堂」の背景にあるものは一体何なのでしょうか。どうして「こども食堂」が日本のあちこちで自然発生的に現れたのでしょうか。その裏にあるのが「子どもの貧困」です。「子どもの貧困」では，よく絶対的貧困と相対的貧困が問題視されています。絶対的貧困とは，他の人の経済状態とは関係なく，食べ物や衣類，衛生的環境など生きるための最低条件が満たされていない状態のことです。それに対して相対的貧困は一般の大多数の人々に比べて所得が低く，平均的な生活が困難な状態のことです。この相対的貧困は隠れた貧困ともいわれていて，日本では18歳未満の子どもの6〜7人に1人がこれにあたるといわれています。そして，その家族の条件としてはシングルマザーやシングルファザーがあげられます。ひとり親家庭の母親の収入が低かったり，父親が病気になったりすることによって起こることもしばしばです。つまり，大人の経済状態や家族状況が「子どもの貧困」につながっているのです。そして，この問題は次の世代に影響することから，大きな社会問題となっているのです。

　これらの社会現象は当然子どもが育つ環境にも影響を与えています。社会的養護下の子どもたちの家庭は，ステップファミリーが多いといわれています。そして，結婚，離婚，再婚を繰り返す過程では，相対的貧困を経験している場合が多いと思われます。この「子どもの貧困」は精神的なダメージを受けやすく，以前のような「貧しさゆえに精神的に強い子どもに育つ」といった考えはあてはまらないというのが多くの研究者の見解です。例えば，前田（2018）は「相対的貧困の子どもは希望や意欲を喪失し，人生そのもののあきらめへとつながっており，人生の早い時期からドロップアウトしていく可能性を高めているといった傾向が見られ，経済的貧困が精神的貧困と関わりがある」と述べています。

　さらに，この相対的貧困は「生活文化の貧困」ともつながっていて，堀場（2019）は「生活文化の貧困」について「社会経験（旅行，外食，買い物，友人とのふれあいなど）の少なさ，食文化や家族間の対話の乏しさ，暴力的な人間関係などの状態に長い間置かれ続けていること」と説明し，

母子生活支援施設などの調査から「母親たちの多くは，負い目や自己否定感などから精神的に不安定になり，生きる意欲を削がれている」と述べています。確かに，「生活文化の貧困」は社会的養護下の子どもの親に当てはまることが多く，児童相談所の虐待ケースでもこのような状態がよく見られます。このことは子どもが施設に入ってからの行動や認知，さらには学力を含めた知的能力にも影響を与え，施設退所後の生活においても，さまざまな局面で生活の困難を感じざるを得なくなっているのです。

　この現象は今後も続くであろうとの予測から国は有識者会議を設け，多くの施策に取り組んでいます。しかし，まだその解決策は見出せていません。さらにこのことが，社会的養護下の子どもたちを増加させてしまうという悲劇を繰り返す恐れもあるのです。虐待件数が増えている現象も，このことと何らかの関連があるといわざるを得ないのです。

2. 乳児院

(1) 乳児院を取り巻く現状

　乳児院は児童福祉法第 37 条に「乳児（保健上，安定した生活環境の確保その他の理由により特に必要のある場合には，幼児を含む）を入院させてこれを養育し，あわせて退院した者について相談その他の援助を行うことを目的とする施設とする」と定められており，家庭の何らかの事情により家族が育てることができない乳幼児を児童相談所を通じて一時的または中・長期的に預かり，24 時間 365 日の完全体制で養育しています。一時期 2000 年代はじめに全国で 114 か所にまで減りましたが，2020 年 1 月現在で 144 か所となるなど，その機能や役割がまだまだ求められています。原則的には生後すぐの新生児から 2 歳までが対象ですが，2004 年以降は発育および発達の遅れ，または下のきょうだいも一緒に入所しているなどの状況に応じて小学校就学前までの措置入所が可能となっています。保育士，看護師，児童指導員，栄養士，心理職，家庭や里親を支援するソーシャルワーカー，医師など高い専門知識をもった職員が子どもたちだけでなくその家族や地域に至るまでまるごとサポートできるのが強みの 1 つです。入

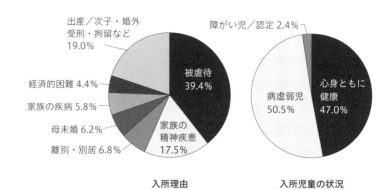

図 1-2　乳児院への入所理由と入所児童の状況（全国乳児福祉協議会，2017 より作成）

注）入所理由：約 4 割が被虐待となっていますが，実際にはそれ以外のケースでも何らかの不適切な養育があったと考えられるものもあり，養育者の実感や体感としてはもう少し多いと考えています。また，ここ数年で経済的困窮の数値が少しずつ上がってきているなど社会問題の影響が反映される傾向が強いようです。
入所児童の状況：認定された（障がい者手帳や療育手帳などをすでに取得している）児童は 2.4% 程度ですが，病虚弱児や被虐待児など一定数の児童が将来的に認定される可能性も決して低くないといえます。また，乳児院では児童相談所付設の一時保護所で預かることのできない 2 歳未満の一時保護を年間 3,000 件ほど受け入れており，その数は年間の入所児童数よりも多くなっている状況です。一時保護でも入所でもお預かりするお子さんや家族の情報を聞き取る必要性は同じなので，そのことが乳児院の大切な役割であると同時に大きな負担にもなっています。

所理由および入所児童の状況については上記のグラフ（図 1-2）をご覧ください。

　グラフ上の入所理由はあくまでも児童相談所からの主訴をカウントしたものであり，全国の児童相談所における虐待相談対応件数が右肩上がりに増えていることからもわかるように，被虐待児童の急増，あるいは精神上の課題がある保護者の増加などが特徴的であり，1 つの家庭にさらにグラフ内の他の要因がいくつか重複しているなど，問題解決は容易ではありません。グラフ上の入所児童の状況からわかるように乳児院職員は，乳幼児への直接的ケアに携わる保育士・看護師・児童指導員でも子どもたちの疾患・症状・障がいなどへの治療的・療育的な視点を求められ，ソーシャルワークを行う家庭支援専門相談員や里親支援専門相談員もより幅広い視野

や視点をもって家庭や里親・関係各機関との良好な関係性を保ちながら連携や協働をしていく必要があります。さまざまな課題を抱える子どもの発達支援や心のケア，ライフストーリーワークの主軸を担う心理職，乳幼児にとっては生活のメインでもある食育や発育支援・障がい児の食事対応を求められる栄養士などもより高い専門性を確保するために学びを深め，専門職手段としてのチームワーク，チームアプローチが必須となっています。

　乳児院は児童相談所からの乳幼児の緊急一時保護を受託する「一時保護所機能」，新生児・健常児・被虐待児・病虚弱児・障がい児などさまざまな乳幼児を職種間の連携によりそれぞれに合った養育をする「専門的養育機能」，いろいろな課題を抱えている家族や子育て経験の少ない里親へ養育スキルの獲得・強化やアタッチメント（愛着）形成をサポートする「親子関係育成機能」，退所後の次の養育者や子どもたちの生活環境を整え，地域の関係機関と一緒になって家族や里親をサポートする「再出発支援機能」「地域子育て支援機能」「アフターケア機能」を主な機能・役割としています。このように子どもの日常生活支援や発育・発達の支援や保障といった本来の役割に加えて，保護者や家庭での養育に向けた支援，つまり子どもを家庭に帰すことを最大かつ最優先の目標として，児童相談所・市区町村・医療機関・保育所などとの連携や協働において親子関係再構築や家族再統合の支援に取り組み続けてきたことが評価される形で他の種別施設よりも一足早く家庭支援専門相談員が配置され，家族や地域とのソーシャルワークの実践として約6〜7割ものケースを家庭引き取りにつなげてきました。しかしながら，ここ数年はグラフ（図 1-3）のように家庭引き取り率が5割を切るなど下降の一途をたどっている側面もあります。

　これは乳児院がこれまで磨いてきたソーシャルワークの力をもってしても対応が困難なほど家庭の抱える課題が複雑化・多様化してきていることの表れであるといえます。それでも子どもたちにとっては新しい家族である里親委託の機会が着実に増加するなど，家庭と里親を合わせるとまだ6割を家族につないでいることは大いに評価されるべきであると考えます。

2.
乳児院

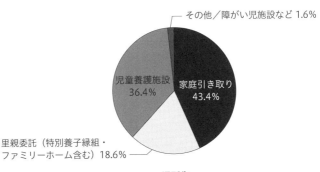

その他／障がい児施設など 1.6%

児童養護施設
36.4%

家庭引き取り
43.4%

里親委託（特別養子縁組・
ファミリーホーム含む）18.6%

退所先

図 1-3　退所先の状況（全国乳児福祉協議会，2017 より作成）

(2) 子どもの育ちをつなぐ

　乳児院では子ども一人ひとりに担当養育者を置いてアタッチメント（愛着）の形成を重視していますが，これは子どもたちに「自分のことを気にかけて，一番よく見てくれる」「気がつけばいつも隣にいる」という感覚をもってもらうための特定の大人との関係性づくり・強化であり，たとえ子どもたちの確かな記憶には残らないとしても，「自分に寄り添い，愛情を注ぎ，一緒に泣いたり笑ったりしてくれた人が確かにいた」という事実は子どものその後の育ちにおいて大きな支えになるという考えによるものです。そして乳児院で培われた子どもとの関係や育ち・思いを，乳児院職員から保護者や次の施設の職員，または里親へと必ずつなぐ，紡ぐ作業を重視するとともに，つなぐ先としてアドボカシーの視点をもって「その子どもにとって一番必要な養育の形」「選択肢」をきちんと見極めていくことが非常に重要だと考えています。

　一口に「家庭引き取り」といっても図 1-4 のように，両親・ひとり親・親族など世帯の状況は異なり，保護者の疾患や障がいの有無，養育スキル，住環境，経済状況，子どもへの思い，地域性，親族や社会資源によるサポート体制などにもそれぞれ歴然たる違いや差があります。施設のソーシャルワークにおいて家族や地域のアセスメントをしっかりしながら面

乳児院

家庭引き取り	里親 （特別養子縁組・FH 含む）	児童養護施設
〔親子関係再構築〕	〔マッチング〕	〔事前交流／ならし養育〕
面会→外出→外泊		施設訪問・生活体験
両親世帯 ひとり親世帯 ステップファミリー 親族世帯	養育里親 特別養子縁組里親 親族里親 専門里親 ファミリーホーム	大舎制 小舎制 ユニットケア 地域小規模
子どもやその家族などに関する情報の引き継ぎ		
児相・行政・医療機関・関係機関・保育所など地域との 連携や次の養育者の養育スキルの獲得・強化		施設職員への申し送り
子どもと養育者とのアタッチメント移行		
施設内チームの営みや子どもの育ちを地域のチームにつなぐ		

図 I-4　乳児院がつなぐ先

注）FH ＝ファミリーホーム

会・外出・外泊などを進めて，必要に応じて「要保護児童対策地域協議会」などで関係機関と情報を共有しながらサポートしています。

　「里親」の場合は，養育・特別養子縁組・専門・ファミリーホームなど規模や動機・目的も異なる上に，里親子の年齢差・子育てスキル・親族の理解や協力，サポート体制の充実度，実親の状況，実子の有無なども深く関係してきます。家庭引き取りと同様に面会・外出・外泊・長期外泊など里親子がより確実で安定した関係性を構築できるように，施設内であるいは里親・児相・関係機関との協議を重ねながら，情報を共有していくことが重要です。乳児院で培った職員と子どもとのアタッチメントを里親子のよい関係にうまくつなげていく，スライドさせていく過程も大切です。

　「児童養護施設」の場合も，大舎制・ユニットケア・グループホーム・地域小規模など形態こそさまざまですが，受け皿となる施設チームとしての専門性は担保されています。乳児院では措置変更される子どもの負担軽

減を考慮した事前交流（ならし養育）を取り入れ，施設訪問をして児童養護施設職員と遊んだり生活体験をしたりすることで新しい人と場所になじむ機会をつくっています。乳児院の所在地などによっては児童養護施設に何度も通うこと自体が，時間・職員配置・費用などの諸問題により理想と現実の間で苦労することはありますが，子どもの状況や必要に応じて，担当養育者以外の他職種職員も事前交流に同行して，児童養護施設職員にさまざまな側面から子どもや保護者に関する情報提供をしたり，可能な限り保護者にも同行してもらったりすることもあり，複数回から多いときには10回以上も通うことがあります。

　このように次の引き受け先に子どもたちを「つなぐ」プロセスにおいて，できるだけ多くの情報収集・交換・共有を進めていく上で，やはり子どもの「育ち」「生い立ち」をいわゆるフォーマルな記録上のデータ的なものだけではなく，もっと温かでインフォーマルなエピソードなども「子どもにちゃんと伝えたい」という思いをもって，ライフストーリーワークの一環として従来のアルバムとは一線を画した意味合いで，育ちアルバムやTelling絵本などを作成する乳児院が少しずつ着実に増えています。

　その考え方や実践の方法は第6章で述べますが，その視点をもち，かつ大切にすることによって，乳児院から自信をもって子どもの育ち・育てというバトンをつなぐことがより強く意味づけされ，子どもたちだけでなくその家族や里親，措置変更先の施設職員もまた安心してそのバトンを受け取ることができるのではないでしょうか。

3.　児童養護施設

　児童福祉法の第41条において「児童養護施設は，保護者のない児童（乳児を除く。ただし，安定した生活環境の確保その他の理由により特に必要のある場合には，乳児を含む。以下この条において同じ），虐待されている児童その他環境上養護を要する児童を入所させて，これを養護し，あわせて退所した者に対する相談その他の自立のための援助を行うことを目的とする施設とする」とあります。児童養護施設は児童福祉法で定めら

れた児童福祉施設になります。平成 29 年 3 月末の状況として，児童養護施設は，全国に約 605 か所あり児童定員は 32,253 人，施設に入所している児童は 25,282 人，働いている職員の総数は 17,883 人となっています（厚生労働省，2019a）。児童養護施設へ入所するに至る経緯はさまざまですが，時代の変化に伴った複雑なケース背景と要因が存在します。その中で，児童養護施設へと入所に至るケースはさまざまな過程を経ているといえます。児童養護施設への入所は，児童相談所の総合的な判断に基づいた措置という形で入所となります。児童とその家族を取り巻くシステムは多様であり，言い換えるならば施設へ入所するに至るまでに，児童とその家族にさまざまな人と機関が関わり「時間」を共有しているということになります。さまざまな人と機関が携わり，子どもと家族のケースの「時間」を共有していることは，ケースの強みでもありますが，時には，弱みにも転換することになります。これについては後ほどお話ししたいと思います。前述しましたが，入所の経緯はさまざまです。児童養護施設に入所する前に，どこで生活をしていたのかを考えてみると，家庭，児童相談所，里親家庭，乳児院，児童心理治療施設，児童自立支援施設，児童養護施設，その他の児童福祉施設などがあげられます。児童養護施設を退所した後の措置先においても，自身での社会的自立を除いておおむね同様となります。これらは，児童自身が，自分が置かれた現状についての理解と整理ができないまま，次の生活の場所へ移動して，生活の場所や，養育者，支援者が次々に変わるといえます。子どもの立場からいうと「家から離れて暮らすことの理由もわからず，わけのわからないところへ行き，そしてわけのわからないまま別のところへ行く」ということになります。家庭から離れて暮らさなければならなくなった事情（社会的養護として措置となった理由）に加えて，何重にも折り重なった状況の混乱の中，児童自身は，なすすべもなく社会的養護のシステムのレーンの中で，自身の意思と関係なく受動的に生きていかなければならないのです。

　「新しい社会的養育ビジョン」でも，児童のニーズに合わせて丁寧な説明を実施していくことが非常に重要な焦点となっています。

　まずは，家庭から離れて暮らさなければならない児童に対して，初期の

3.
児童養護施設

段階で行う必要があるものとしては下記のことが考えられます。

①社会的養護のシステムの説明

②児童相談所の役割（法的な定義など）

③家庭から離れることを児童相談所が判断した理由

④それらの判断に至る経緯の説明（誰と誰がどのように話し合いを行ったか）

⑤家族に対して児童相談所の判断で分離を決定したことの説明を実施していることと，そのときの家族の様子や反応について

⑥現在考えているケースの方向性と具体的な計画（安全と安心を最優先に考えた場合に，家庭ではないところでの生活を考えているなど，また，具体的な期間としては〇〇（期間）を考えていることなど）

⑦考えている措置先の説明（どのようなところでどのような人たちがいるかなど，見学などを考えていることなど）

⑧これらの方針についてどのように思うか（説明でわからないことや納得いかないことなどについて）　※特に時間をかける必要があります

　児童養護施設へ入所してくる児童の多くは，児童養護施設がどのようなところかを知らないことがとても多いと感じます。全国に施設がどのくらいあり，何名くらいの児童が生活しているかなどを，全国児童養護施設協議会のパンフレット「児童養護施設って」（全国児童養護施設協議会，2019）などを利用し，段階を分けて説明する必要があります。また，虐待や不適切な関わりを受けていたケースでは，養育者から慢性的に拒絶されていたという感情が子どもの中に根強いため，「親から施設に入れられた」「家から追い出された」「絶縁された」などのネガティブなイメージをもつ場合が多いように見受けられます。あくまでも，「児童相談所が安全で安心な環境が望ましいと思って，いろいろな人たちと真剣に考えて決めた」ということを説明する必要があります。家庭での生活体験がないケースや，乳幼児期の記憶が曖昧な時期に措置となったケースなども，同様に「親から捨てられた」「親は一緒に住みたくないから施設に預けた」など，独自の

「物語」が展開されている可能性があるということに，留意しなければなりません。児童養護施設の現場では，職員が目の前の子どもたちとその家族のために，日々真剣に向き合い苦悩しながら業務に携わっています。当然，さまざまな課題も多く存在します。しかし，さまざまな課題が多く存在する中だからこそ，2017年の「新しい社会的養育ビジョン」が社会的養護に携わる私たちに語りかけている本質的なものを，再度捉え直す必要がありそうです。ケースに携わる私たち一人ひとりが，子どもと家族のケースをよりよい方向へ進めるために，「個人」そして「組織」「チーム」として，何ができるのかを最優先に考え実践していくことが不変のテーマとなっています。

4. 里親

　里親は家庭養護に分類され，児童福祉法第6条の4項に法的な里親の定義が示されています。その中では，「里親とは要保護児童を養育することを希望する者のことで，養子縁組などによって養育するのではない者に，都道府県知事が児童を委託することが適当と認めるもの」となっています。里親といっても，大きく分けて養育里親，養子縁組を希望する里親，親族里親の3つがあります。さらに，養育里親には，都道府県知事が認めた専門里親があります。この専門里親は，①児童虐待によって心身に有害な影響を受けた児童，②非行などの問題行動を有する児童，③身体障がい，知的障がい又は精神障がいがある児童を対象にしており，3年以上の委託児童の養育の経験があることや，専門里親研修を受けるなどの専門的な知識が求められています。また，親族里親については，ただ単に親戚が子どもの面倒を見るようなイメージがありますが，民法上の扶養義務の有無にかかわらず，三親等以内の親族である者に子どもの養育を委託する制度です（厚生労働省，2011）。

　里親としての認定を受けるには，基礎研修と認定前研修を受けなければなりません。研修を受けるにあわせ児童相談所に登録申請を行い，家庭訪問などにより調査を受け，そこで養育環境が子どもを養育するのにふさわ

しいかどうかが判断され，これらの条件が揃ったところで里親として認定されるのです。しかし，認定されても子どもを受け入れられず，未委託のままの里親もいます。子どもを育ててみたいと思っていても，受け入れる自信がなかったり，家庭的な事情があったりして，受け入れを踏みとどまっている場合もあります。

　里親に子ども委託する場合，重要なのが子どもを引き受ける家庭が，子どもにとって適切な環境であるかどうかということです。それには，里親となる家庭の十分な調査が必要であるし，その家庭や家族が子どもに適合したものであるか問われてきます。これについては，里親の調査をもとに里親のアセスメントを行う必要があります。アセスメントというと，里親にとって少し冷たい表現になりますが，要は里親にふさわしいかどうか，あるいは対象の子どもを委託することが適切かどうかを客観的に判断し，子どもと里親が幸せな日々を送れるようにするためのものなのです。この場合，子どもの人権が大きく関わっているので，子どもにとっての「最善の利益」が優先されるのです。

　里親が子どもを育てる場合，いわゆる「ためし行動」による負担，里親の責任感の強さによる気づかれ，そして子どもと相性が合わなかった場合の失望感などをどのようにしていくかも大きな課題となっています。実際全国児童相談所長会（2011）の報告では，里親と子どもの関係が不調によって委託を解除されたケースが約4分の1ありました。これらの問題は，後に子どもの心の傷となる場合やそれを悪化させる恐れもあるので，里親委託を推進する場合，関係者がさまざまな支援方法を駆使して注意を払わなければならいことになるのです。

　子どもと里親が適合するかどうかについては，現在里親と子どものマッチングが行われています。これについてもさまざまな批判があります。例えば，乳児の場合は別として，子どもと里親が短時間で生活場面のような態度をマッチング場面でとれるかどうか，ということです。このマッチングについては，その後の子どもと里親の両方の生活を大きく左右しますから，子どもの発言に十分耳を傾け，里親の意向も尊重しながら進めることが必要になります。そのためにこんなことをしてみるのもよいでしょう。

事前に子どもに自分のことをわかってもらうための「○○ちゃんの解説書（トリセツ）」をつくっておいてもらうのです。自分のプロフィール，好きなこと，嫌いなこと，パニックになったときの対応などです。これがあると，里親も子どものことがわかりやすいし，子どもも自分のことを自分で述べているので，その内容を理解してもらうことで納得できるでしょう。さらに，里親は自分の家族のルールや習慣，毎日のタイムスケジュールなどを書いた「我が家の暮らし」をつくって子どもに見せるのです。そして，この2つの説明書きをもとにお互いにこれからの生活について話し合うのです。このようにすることによって，これまでなんとなくお互いの気持ちや態度を探り合っていたことが明確になって，両者が暮らしやすくなるのではないでしょうか。

　一方，里親自身の課題もあります。子どもを育てるということは，ある程度自分の生活を犠牲にせざるを得ません。時間や労力を要し，感情労働といってもおかしくない条件で行われます。そして，里親の生い立ちを背景とした里親の考えや価値観が子どもの行動に影響を与えます。子育ては個別的なものであり，里親だけが自身の信念だけで子どもを育てるという方法をとってしまうと，子どもを追い込んでしまう危険性があります。このようなことを避けるために，里親の更新研修を含めた継続研修や里親サロンでの里親同士の交流，そして里親支援専門相談員への相談など多くの機会を見つけて，養育技術を向上させることが必要となります（図1-5）。しかし，こういった場に参加しようとしない里親もいて，それも今後の課題となっています。養育技術といっても，確かなものがあるわけではないので，子どもに合った方法を自身で見つけ出すヒントをもらうということになるのです。

　また，子どもを育てることを里親だけにゆだねるのではなく，「みんなで子どもを育てる」という考えを，里親にも，里親や子どもの支援者にも，そして一般の人々にも理解してもらうことが重要です。最近よく使われる「社会的養育」という言葉は，子どもを社会が責任をもって育てるということでもあり，社会的養護下の子どもを育てることを里親や施設の職員だけに任せるのではなく，それぞれ一人ひとりが関心をもち，支援者に声を

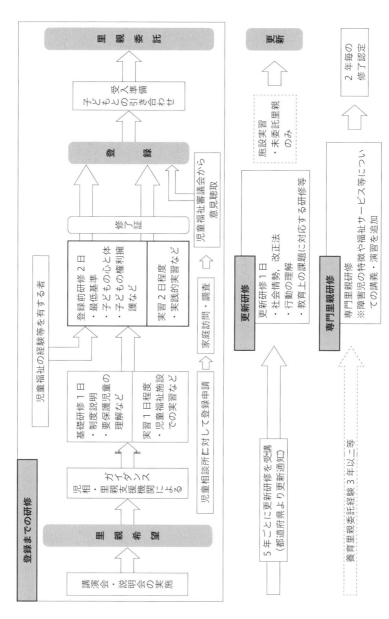

図 1-5　養育里親の研修・登録の流れ（厚生労働省 雇用均等・児童家庭局，2008）

登録までの研修

里　親　希　望

講演会・説明会の実施

児童相談所・里親支援機関による

基礎研修 1 日
・制度説明
・要保護児童の理解など

実習 1 日程度
・児童福祉施設での実習など

児童福祉の経験等を有する者

登録前研修 2 日
・最低基準
・子どもの心と体
・子どもの権利擁護など

実習 2 日程度
・実践的な実習など

修了証

児童福祉審議会から意見聴取

家庭訪問・調査

児童相談所に対して登録申請

登　　録

子ども受入準備
子どもとの引き合わせ

里　親　委　託

5 年ごとに更新研修を受講
（都道府県より更新通知）

更新研修

更新研修 1 日
・社会情勢、改正法
・行動の理解
・教育上の課題に対応する研修等

更新

施設実習
未委託里親のみ

2 年毎の修了認定

専門里親研修

専門里親研修
被虐待児や障害児の特徴や福祉サービス等についての講義・演習を追加

養育里親委託経験 3 年以上等

かけたり手助けをしたりすることが大切ではないでしょうか。

　社会的養護が必要な子どもの背景には，先に述べたように相対的貧困があります。これは貧困だけで起こる現象ではありませんが，この日本社会が戦後歩いてきた高度成長の過程の中には，経済重視，つまり儲けることを一義的に捉えてきたところがあり，そこには儲ける人とそうでない人，人を使う人と使われる人がいて，その構造は人間が生活する上ではどうしようもないことかもしれません。だからこそ，お互いの相互関係の上に社会が成り立っているのであれば，社会の歪みを受け入れ，それに関心を示すことが重要と思われます。

　里親の話から少し話がずれてきましたが，里親が里親として子どもを育てることは，この日本の少子化においてとても重要なことで，これを見過ごすことはできません。また，家庭養育が子どもにとって意義のあることもわかっています。しかし，子どもを育てるために里親になる人はそんなに多くはありません。また，先にも述べましたが，なろうと思っても自信がない人もいます。なったとしても全く違った環境で育った子どもを育てることはそう簡単ではありません。途中で投げ出したくなることもあるかもしれません。こういった状況があるので，里親推進に向けて後に述べる「新しい社会的養育ビジョン」（厚生労働省，2017）が公表され，それに向けて都道府県が里親推進に向けて体制整備を行うための計画を立てているのです。その中で，里親の数を増やすリクルートばかりでなく，里親の認定，子どもとのマッチング，そして適切な養育ができるように相談・支援や研修を行うためのフォスタリング機関の設置も今後の大切な目標となっています。このフォスタリング機関の設置は，国の大きな柱となっており，施設養育から家庭養育へ大きく舵を切るための試金石となると思われます。

5.　子どもの権利と「新しい社会的養育ビジョン」

　日本は1994年に「子どもの権利に関する条約」を批准しました。つまり日本がこの条約を認め，同意したことになります。さらに，1998年と2004年の2回，国連の子どもの権利委員会から，施設養護中心の社会的養

護のあり方を見直すように勧告されました。その後も 2010 年に国連のガイドラインに従った勧告を受けています。その内容についてはここでは触れませんが，この勧告はその後の日本の社会的養護の目標や方向を決める指針となり，2016 年には「児童福祉法」が改正され，2017 年には「新しい社会的養育ビジョン」が発表されました。

　このように「新しい社会的養育ビジョン」は子どもの権利に大きく関わっていますし，この本の主題であるライフストーリーワークも子どもの権利を扱ったものですので，子どもの権利についてもここで触れておきます。子どもの権利については，大きく分けて「意見表明権」「知る権利」「発達の保障」があげられます。意見を述べることや自分の生い立ちを知ることについては，支援者は確かに子どもの成長にとって必要であると認識していますが，実際の生活場面でそれをどう扱うかについては，なかなか難しいようです。私たちの研究会でよくあげられる疑問について紹介します。

①子どもの権利をどこまで認めればよいのか。認められる権利と認められない権利があるのではないか。
②子どもの権利を容認できないとき，どうするのか。
③複数の支援者は考えが異なるので，子どもに対する態度も異なり，それをどう意思統一しておくのか。
④権利には義務や責任が伴うのではないか。
⑤子どもにむやみに権利を教えると，子どもが混乱するのではないか。
⑥行動や症状に制限が必要な場合の対応をどうすればよいのか。
⑦職員の権利も守ってほしい。
⑧真実を教えようとしても親が反対したらどうするのか。

　これらの意見は施設職員にとって，もっともな意見であると思われますが，これを踏まえて私たちに何ができるのかを考えることも大切です。児童福祉法第 2 条の第 1 項には，「全て国民は，児童が良好な環境において生まれ，かつ，社会のあらゆる分野において，児童の年齢および発達の程度に応じて，その意見が尊重され，その最善の利益が優先して考慮され，

心身ともに健やかに育成されるよう努めなければならない」と示されています。ここで考えなければならないのが「最善の利益」です。私たちは子どもの「最善の利益」を深くそして広く捉えながら子どもの支援を行っているでしょうか。子どもが何かを要求したとき，支援者は他の人の意見はどうだろうかとか，子どもにとってのリスクはないだろうかとか，親の考えにマッチしているだろうかとかの多くの考えが頭をよぎります。しかし，意外にもその要求に応えるとき，人それぞれに単純に答えを出してしまっていることも多いのではないでしょうか。子どもの「最善の利益」は，子どもに安心で安全な環境を提供し，信頼できる支援者が子どもとの日常生活の中で，温かい関係を築いているならば，子どもの意見表明や苦情解決の仕組みは必要ないかもしれません。しかし，支援者が考えた「最善の利益」が子どもの満足に即したものとなるとは限りませんから，必ず子どもと話し合うことが必要になるのです。さらに，施設養育などでは，子どもの要求や支援者の個人的な見解を踏まえ，職員間での話し合いも必要となるでしょう。子どもの権利に関しては，子どもの「最善の利益」を考慮に入れて，現在さまざまな仕組みが見直されようとしています。

「新しい社会的養育ビジョン」では，子どもの在宅支援については，在宅での社会的養育の重視，親子不分離の原則，子どもの意向の尊重をあげています。里親の推進については，代替養育は家庭での養育（里親）を原則とし，フォスタリング機関の充実をあげています。そして施設養育では，できる限り家庭的養育環境に近づけるように，個別対応を基盤とした短期での入所を原則としています。施設等における十分なケアが必要な場合は，小規模化・地域分散化，そして子ども4〜6人に常時2人以上の職員配置などをあげています。これらの内容については，具体的な数字などで示されています。また，その実現に向けて以下の取り組みが行われようとしています。

①市区町村の子ども家庭支援体制の構築
②児童相談所・一時保護所改革
③里親への包括的支援体制の抜本的強化と里親制度改革

④パーマネンシー保障としての特別養子縁組の推進

⑤乳幼児の家庭養育原則の徹底と，年限を明確にした取組目標

⑥子どものニーズに応じた養育の提供と施設の抜本改革

　このように，児童相談所，市区町村，施設などの機関の改革やそれを補完する児童家庭支援センターやフォスタリング機関などの充実・強化，そして連携が図られるようになっています。この背景には，児童虐待件数の増加に対する対策ばかりでなく，これまでの養育では子どもの権利が十分護れていないという反省もあると考えられます。また，施設養育では治療的機能が重視され，手のかからない子どもは里親委託が勧められ，専門的ケアの必要な子どもが主な養育対象となります。今後はこれらの子どもをしっかりケアすることが施設養育の存在する意義となると思われます。

　この「新しい社会的養育ビジョン」については，さまざまな批判もあります。浅井・黒田（2019）は「第1に事実と現実に立脚した提言であるとはいえない，第2にその強引な推進方法はきわめて問題で，多くの関係者間の徹底した議論を踏まえるべきである，第3に我が国の施設養護の実践と歴史を評価したうえでの検討がほとんどなく，施設養護が悪いという先入観を前提としている」と述べています。確かにこれらの指摘は，もっともな意見でもあると思われます。しかし，時代の変化に伴い日本の社会的養護下の子どもの自立を支えるシステムは変革を迫られているのも事実です。「新しい社会的養育ビジョン」の具体的内容については，先に述べたように都道府県の「社会的養育推進計画」にゆだねられています。この流れについては，誰も止められないのも現実でしょうから，私たちは子どもの「最善の利益」に沿っているかどうかをしっかり見定めて，この計画が子どもにとって有意義なものとなるように努力していく必要があるのです。とりわけ，「新しい社会的養育ビジョン」のⅢの6の2）に記載されている子どもの自立支援に関する項目では，①自律の基盤としての養育者とのアタッチメントと信頼関係の形成，②原家族との関係の整理と再構築，③代替養育を離れたのちの支援のあり方についての理解と支援者との面談，信頼関係の形成，この3つについては，社会的養護下の子どもの自立におい

て基本的な枠組みであり，必要不可欠なものと考えられます。この自立支援や家族再統合は，社会的養護下の子どもが生きていく上でとても大切なことです。これについては，現在まだ十分に取り組まれていないのではないでしょうか。具体的に誰がどんなことをいつまでするのかということが，今後の大きな課題となり，その方法についても検討されるべきでしょう。

6. 社会的養護下の子どもを取り巻く環境とライフストーリーワーク

　こういった環境の中にある社会的養護下の子どもたちは，今後その権利や「最善の利益」を保障されていくのでしょうか。虐待の件数が増え続ける中，各自治体の体制整備の状況を見ても，「新しい社会的養育ビジョン」の実現には時間がかかることが予想されます。また，各自治体にゆだねられている部分もあるので，地域間格差も生まれるかもしれません。

　ここで大切なことは，社会的養護下の子どもの自立に何が必要なのか，何が不足しているのかということです。確かに，「新しい社会的養育ビジョン」で示された多くの改革は必要かもしれませんが，彼らの抱えている本質的な問題はそう簡単に改善するものではありません。社会から孤立した家族の子どもがさまざまな事情で代替養育を受けるわけですから，その過程で子どもの心は傷つき，自分の存在すら不確かなものになっていかざるを得ません。家庭の事情などで親から離されて乳児院に入所し，その後里親委託となり，場合によっては里親との折り合いが悪くなり，児童養護施設で生活するという経験をした子どももいるでしょう。また，施設の中でも担当やホームが変わっていく子どももいるでしょう。度重なるこの過程での大切な人との喪失体験や彼らにとって理由のわからない生活形態の変化は何をもたらすのでしょうか。子どもを養育する人たちは専門的な知識と経験をもっています。しかし，それだけでは彼らの心は充足されません。自分の生活や身体が施設から施設へ，人から人へと移り変わるとき，心がどのように動いているのか私たちはあまり考えないで，子どもの養育に没頭しているかもしれません。それはそれで子どもの成長に欠かせない

ことですが，この喪失や生活の変化からくる隙間，あるいは空白を埋めていかない限り，子どもの心もまた空白のままになるのではないでしょうか。最近，このことに気づき始めた支援者が増えてきています。それはライフストーリーワークがもたらしたものかもしれません。子どもは自分の家族のことを何も知らされていないので自分が家族と離れて暮らすことの真実が知りたい，どうして今の施設へ移ったのか教えてもらっていないなど，多くの疑問をもったまま日々の生活を過ごしています。

　子どもにとって一番気になるのは家族です。自分が家族に見捨てられたと思っている子どももいるかもしれません。また，母親の病気や生活を心配している子どももいるかもしれません。そんなときに支援者は何をしてあげればよいのでしょうか。優しく言葉をかけてあげるとか見守ってあげるとか，いろいろな方法で接している人も多いと思いますが，どうしてもそれを解決してあげることができないと悩んでいる人もいると思います。そんなときにライフストーリーワークは，自分の過去を整理することも，自分の生い立ちや親の事情を知ることもできます。それによって自分が生きるための基盤をつくることができるのです。ライフストーリーワークは，心の隙間を埋める格好のツールなのです。

　社会的養護下の子どもが社会的に自立するためには，子どもの権利や「最善の利益」を保障してあげることが大切であると述べましたが，その具体的な方法がライフストーリーワークではないでしょうか。ライフストーリーワークは，支援者と対話しながら，実際に生まれた場所に行ったり，家族に会って話を聞いたりしますので，とても子どもにとってリアリティが高く，これまで知らなかった事実がわかりやすく記憶に残りやすくなっていきます。空白になっていた部分の事実を知ることで，それを埋めることができます。それによって，子どもの自己も充実していきます。したがって，ライフストーリーワークは，子どもが生きていくために大切にしてあげなければならない「自己」を「物語」にしていく作業となるのです。

第 2 章

ライフストーリー
ワークの現状と課題

1. ライフストーリーワークを始めるきっかけ

　今，この本を読んでいる方は，「ライフストーリーワーク」と聞くと「真実告知」や「生い立ちの整理」「入所の理由の説明」などの関連したキーワードがすぐに浮かぶのではないでしょうか。実際に社会的養護のそれぞれの現場でも，「ライフストーリーワーク」を全く知らないことや「イメージが浮かばない」ということは少なくなってきていると思われます。それらは，「ライフストーリーワーク」の必然性を強く日本に求めて，体系的にさまざまな活動と実践を通して「ライフストーリーワーク」を広められた方々の力が非常に強く影響しています。

　私自身，「ライフストーリーワーク」を始めるための後押しとなったのは，1冊の本との出会いでした（Ryan & Walker, 2003／才村, 2010）。おそらく，この本を読まれている方も，何かしらのきっかけが存在するはずです。現在では，ライフストーリーワークが研修会や分科会のテーマとして取り上げられることが増えて，関連した書籍や論文も数多く手元で見ることができるようになりました。また，日本の各地では，ライフストーリーワークの研究会が立ち上がり，それぞれの地域でさまざまな活動を広げています。毎年，全国でライフストーリーワーク研究会が開催され，数多くの関係者が参加していることなどからも，それぞれの現場でケースに携わる関係者の間で，その必要性が強まり，付随して認識が広がっていると考えられます。

　インターネットで「ライフストーリーワーク」という単語を入力すると，「実践」「やりかた」「研修」「方法」「本」などの検索の関連ワードが出てきます。それらが表しているものは，「ライフストーリーワーク」について学ばなければいけないと感じる現状が日本のさまざまなところで派生しているということではないでしょうか。

　この本を手にしている皆さんは，「ライフストーリーワーク」の入り口の扉を開いたきっかけはどのようなことだったでしょうか？　おそらくは，子どもと向き合う中で，「子どもやケースのために何かしなければいけない，

何かしてあげたい」という思いがきっかけとなった方もいると思います。「いつになったら親が会いに来るのかな」「4月になったら親が引き取ってくれる」「家には一生帰れないし，帰りたくない。ここにもいたくない」「生きていてもしょうがない。死にたい……」「どうして家に帰れないの？」社会的養護の現場で子どもたちと向き合い日常をともにしていると，このような刹那的な言葉がごく自然に語られる場面に遭遇します。このような言葉が子どもから聞かれた場合にどのように対応するのかが重要ですが，その本質的な意味と重要性を関わる人が認識していなければ，自然と流してしまい意識にも留めないことが実際には多く起こっているのではないでしょうか。私も以前は意識しておらず，聞き流してしまうことが多くありました。私自身は，社会的養護のシステムを理解しており，子どもの入所に至った経緯も把握していたため，子どもがその情報を知らないことで複雑な思いを抱いているなど，全く考えもしていませんでした。つまりは子どもの立場に立って物事を考えていなかったのです。

2. 家庭から離れて暮らすこと

　V・E・フランクル（Frankl, 1946）は，代表作『夜と霧』において「（暫定的な）ありようがいつ終わるか見通しのつかない人間は目的を持って生きることができない。ふつうのありようの人間のように未来を見すえて存在することができないのだ。そのため内面生活はその構造からがらりと様変わりしてしまう。精神の崩壊現象が始まる」と綴っています。これは，アウシュビッツの強制収容所に収容された著者が，突如として生活が一変し，「元の生活に戻れるのか」「家族との再会が果たせるのか」などの漠然とした不安を抱え，現在の生活がいつまで続くのか先の見通しが立たない状態で「終わりが不確定」になった状態を表しているものです。家庭から離れて暮らすことに至ったケースにおいて，その経緯と理由，いつになったら元の生活に戻れるか，今後の見通しについて納得できる説明がなされた上で，子ども自身がその状況を理解し，受容している過程を踏まなければ，同様のことが社会的養護下の子どもたちの中にも起こっているのでは

ないでしょうか。家庭から離れて暮らすことは，当たり前にあった目の前の光景と世界が一変し，自身の世界が全く見知らぬものになります。何が現実なのか，何が起こったのか，自身でも理解が追いつかないまま現実が進み混沌に陥る感覚は，第三者がどれだけ言葉を連ねても，体験した本人しかわからないものです。

「いつまでここ（現在の場所）で生活をして，いつになったら家（あるいは元の生活の場所）に戻れるのか……」このような思いは，家庭から離れて暮らす子どもたちの心の中には蔓延しており，子ども自身では答えを見出せない領域にまで達していることを頭の中に置いておかなければなりません。

3.　家庭から離れて暮らすことへの捉え方

社会的養護のケースは非常に複雑です。ケースに触れるたびに，そのケースの当事者である子どもや養育者の方が体感した世界を思い複雑な感情が生じます。同時に，このケースに何ができるのだろうかとの強い思いが沸き起こります。この本を読まれている方も同じような経験があるでしょう。子ども自身の心身が脅かされているケースについては，家庭や家族からの早期の分離が必要と判断されて，ケースの受理から分離までが短期でなされる場合があります。そのようなときに自然と沸き起こる「分離の肯定感」について考えていきたいと思います。

先にも述べたように，子ども自身が生活している環境や，養育者からの関わりなどに課題があり，子どもの心身に重大な影響を与える恐れや，生命の存続の危機がある場合などは，速やかに分離を検討することは当然です。客観的な私たち，第三者は「子どもの安全と安心の保証がなく，場合によっては子ども自身の生命に関わることであったため，分離に至り，子どもを守れてとてもよかった」という思いが自然と芽生えてくることがあります。最近のマスメディアでも報道がされているように，ケースの介入が間に合わず尊い生命が失われた結末を鑑みると，それらの結末を未然に防ぐことができたことは，非常によいことといえます。何よりも子ども自

身の安全と安心を最優先にすべきことについては今後も変わりがないことでしょう。

　ここでは，ケースに携わる第三者の客観的な視点ではなく，当事者，つまり子ども側の主観的な視点で考えていきたいと思います。例えば，日常的に暴力を受けていたケースがあるとします。客観的な視点で考えるならば，暴力を受けること自体が非日常であり，子どもの心身に多大な影響を及ぼすことが考えられるために，そのような環境からは分離すべきだと考えます。しかし，子ども自身の主観的な視点で考えてみると，暴力を受けている行為以外の生活と世界が存在します。それは，家，自分の部屋，おもちゃ，ゲームなどの私物，毎日眠っているお布団やまくら，大切にしているペット，日常的に見えている近所の光景や，関わりのある人や友達，学校での役割，部活など，多岐にわたり存在しています。私たちは，「分離」という行為が，子どもを安全で安心な状況へと誘う「救済」の意味合いと同時に，子ども自身の「日常」と大切にしていた「世界」を壊す「破壊」の行為である両価的な意味合いが存在することを知る必要があります。この「分離」についての表裏を意識するだけで，分離の際にどのような説明と，フォローが必要かが見えてくると思います。以上のことから，どのようなケースにおいても，家庭から離れて暮らすケースについては，丁寧な説明と本人自身の内的な受容をゴールに見据えてライフストーリーワークの実施の検討を進め，子どもに真摯に関わる必要性が明確になってきます。

4.　家庭から離れて暮らすことについての説明

　ライフストーリーワークだけに限らず，社会的養護のケースに携わる際には，多角的な視点が必要となります。多角的な視点は子どもとの関係性を築いていく際に非常に大切な姿勢となります。何よりも，子どもの視点で物事を考えることにより，子どものニーズに合ったよりよい支援を提供することへとつながります。ライフストーリーワークにおける多角的な視点は「客観的な視点」と「子どもの主観的」な視点の双方向の視点の融合

の作業が求められます。これは，大人側の視点の一方向で物事を進めて子どもと関わることではなく，子どもの立場になって考えることです。大切な焦点は，対話と説明を通して相互的に行われる過程にあります。後に出てくる告知の問題もそうですが，一方的に情報を伝えるのではなく，実施した過程の内容（質）がどのようなものであったのかが重要です。子どものためを思って始めたライフストーリーワークが，実施をしたことで子どもをさらに混乱させたという結末だけは避けるべきです。そのようにならないためにも，子ども自身が，自分に起こった出来事を理解し，内的に受容する結末を目指す必要があります。繰り返しになりますが，社会的養護に携わる大人の介入や関わりによって，さらに子どもの世界観を混乱に陥らせてしまうことでは誰も救われないということを強く自覚しておく必要があります。これはライフストーリーワークに限ったことではなく，ケースワーク全般にいえることであり，ケースに関わる私たちにとっての責任となります。

5.　説明が不十分な場合について

　あらためて，社会的養護に至る経緯の説明が，丁寧になされていないケースについて考えていきたいと思います。第1章でも述べたとおり，できる限り早期の段階で，なぜ家庭から離れて暮らすこと（分離）になったのかについて丁寧に説明をしていく必要があります。また，立場と役割が異なる複数の人物が行っていくことが大切です。これは，複数の人物がそれぞれ違った言葉で違ったことを説明するということではなく，複数の人物が打ち合わせのもとに一貫した出来事の説明を，それぞれの違った視点で実施していくということです。それぞれの人たちが，子どもにその説明を受けて感じたことや，不明に思ったこと，疑問点，そして，さまざまな感情について丁寧な対話を通して整理していくことにより，早期の段階で子どものニーズや子どもの状態を把握することができます。またそれらによって，子どもの分離の不安や混乱を少しでも緩和できることが期待できます。ここでいう複数の人物とは，児童相談所の通告の受理，分離の判断

まで携わるケース初期の児童福祉司，児童心理司，一時保護所などの担当，施設入所時の家庭支援専門相談員や里親支援専門相談員，施設の担当，施設の心理職，施設入所後の担当の児童福祉司，里親などが考えられます。

ある児童相談所では，担当の児童福祉司と児童心理司が，一時保護の後に児童養護施設への入所を判断したケースの子どもに，年齢に合わせた手づくりの紙芝居を用いて，肯定的に施設の入所に至った経緯を説明しています。その後，施設での生活に慣れてきた頃に，「どうして，家に帰れないのか？」との疑問が子どもたちから出てきたときに，再度，その紙芝居をもって説明を行います。また，その紙芝居は，子どもたちに同じ説明ができるように引き継ぎを行い，措置変更の場合は措置先の施設に渡されます。このような説明の引き継ぎは非常に有効的です。

子どもたちは，家庭から分離された直後は混乱の中にあり，自身の中に何が起こったのか，そしてこれからどうなるのかが全く理解できていない状況にあります。そのような混乱の中で入所の経緯について説明を受けたとしても，理解と納得に至るのは難しいと考えておいた方がよいでしょう。大切なのは入所の経緯に至る「物語」が一貫しており概念に歪みがないことです。誰がどのように何を説明したのかを含めた，「物語」を確実に引き継いでいくことが求められます。子どもたちは，新しい生活に慣れてきて余裕が出てきた頃に，「自分はこれからどうなるのか」を少しずつ考えるようになります。些細な情報や記憶を収集し融合しながら，もっている能力を最大限に活用し，自分たちが現在置かれている状況を集約し自身のこれからについて真剣に考えることがあります。これらは子どもたちの様子や行動，後の話からも見受けられます。また，多少理解や深まりに差はありますが，年齢や能力，そして発達に影響を受けるものではないと思われます。

家庭から離れて暮らすことの説明に歪みがあり，人によって違うことを伝えられていると，子ども自身がさらに不安定に陥ることになります。「誰の言うことを信じてよいのか」「実際はどうだったか」などの思いも出てきます。これは，今後の大人に対しての信頼にも大きく影響してくるものです。子どもたちは与えられた情報を基に自身で「物語」を構成してい

きますので，最初の時点で偏った情報，もしくは誤った情報は強く固着され，後々まで自身の歪んだストーリーとなっていることがさまざまなケースからも読み解けます。これらのことを防ぐためにも，入所の際にいかに子どもに対して丁寧な説明を行うか，また，その連携をどのように行うのかが重要になってきます。しかし，現在の日本においては，児童相談所への相談件数の増加に伴い，児童福祉司の方は非常に多忙を極めている状態にあります。家庭から分離した時点で丁寧に時間を費やすことが理想的ではありますが，実際はそこまでには至らない，難しい現状もあります。また，場合によっては，児童相談所の一時保護を経ずに，児童養護施設や里親宅へ「一時保護委託」されるケースも多く存在します。いずれにしても，各機関がケースの情報共有を行う際に，「家庭から離れて生活することを子どもがどのように理解しており，どのような説明が望ましいのか」を俎上に載せて，互いに検討しながら協働し，役割分担を明確にしていくことが望ましいと思います。

6.　家庭から離れて生活することの子どもの受け止め方について

　ここでは，家庭から離れて生活することについて説明を受けた，子どもの側の心の中の状態を考えていきたいと思います。家庭から離れて暮らすことへの説明と理解について，下記のようにさまざまなパターンが考えられます。

① 「子どもたちが家庭から離れて暮らさなければならない理由」について説明を受けていない。
② 「子どもたちが家庭から離れて暮らさなければならない理由」について説明を受けているが，誤って認識している。
③ 説明を丁寧に受けているが，子ども自身が納得（受容）できていない。

　①では，一刻を争う状況において子ども自身の早急な保護が優先された

場合や説明をしている時間がとれない場合などが考えられます。また，その他では，「時間」は十分にあるが，説明がされていないケースなどがあります。これらはさまざまな状況が考えられますが，ケースに携わる関係者の中で，家庭から離れて暮らす理由の説明が優先されていない場合もありますし，説明を実施することで子ども本人が余計に混乱に陥る可能性があるなどのリスクに焦点を当て，「今は伝えない方がよい」と大人側の判断によって実施されていない場合なども考えられます。①に見られるケースとしては，家庭分離の主訴自体が子ども自身にはなく，養育者や環境にある場合などが考えられます。例として，養育者の精神疾患，犯罪，収監，行方不明，再婚，出産などです。

　②のケースの場合は，家庭から離れて暮らすこととなった直後は子どもの世界が混乱しており，自身に何が起こったのかが冷静に判断できない状態であることが多くあります。そのようなときに措置の理由や分離について，丁寧な説明を受けていたとしても，受けた説明のとおりに理解することは難しいでしょう。また，受けた説明の内容を断片的に誤って認識する場合も考えられます。他には，入所の理由が子ども自身の課題として相談にあがったケースなども同様に，誤った認識が起こる可能性が高いといえます。例としては，不登校，窃盗，暴言，暴力，学校での不適応などのケースとなります。このようなケースでは，家庭での生活の際に子ども自身が周囲へ迷惑をかけているという認識が強く，周囲からも排他的な雰囲気が自然に出ている場合があります。また，学校や，家庭から「このままでは，ここでの生活ができなくなる」などの否定的な話が，直接的，あるいは間接的に入っていることもあります。深刻な場合には，最も身近で大切に守ってもらうべき存在の親や養育者から絶縁に近い言葉を告げられているケースもあります。そのような周囲の意図していない否定的な働きや介入により，子どもの認識の中には「自分がいなければ……」「自分が悪い……」「自分のせいでこうなった……」といった自己否定的な感情が強く刻まれていくことになります。このようなケースでは，「あなた自身が変わって，問題を減らさなければ家に帰ることはできない」など，さらに追い打ちをかけるようなメッセージだけは避けるべきです。代わりに家庭環

境の課題や，子ども自身の課題を丁寧にアセスメントし，強みと弱みを伝えていきながら，今後に向けた建設的な話し合いを実施していくことが望まれます。その際，サインズ・オブ・セーフティ・アプローチなどを用いるのも効果的です（井上・井上，2008）。

　このように，説明を受ける前から，「自分が悪いから家から離れることになった」「自分は誰からも必要とされていない」などの歪曲した感情が心の内にある場合には，丁寧な説明を行っても，受けた説明を子どもが自身の認識にもっていってしまうおそれがあります。その認識を修正していくには，言葉だけの説明では不十分であり丁寧な整理の作業と時間が必要です。子ども自身が内的に理解を進め，認識や考え方の変容を促すために心理教育などを一緒に行う必要もあります。

　他には，慢性的で不適切な関わりや虐待などの行為にさらされて，自身の自尊感情が著しく傷つけられているケースでは，自身の存在自体を肯定できずに，自己否定的な思考のパターンが築かれていることがあります。このような場合も②のようなパターンが見られます。その他では，複数の兄弟姉妹のケースで，1人，あるいは数人だけが家庭から離れて暮らすケースなどです。このような場合は，自分1人，もしくは自分たちだけが家族と離れて暮らすことに対して，自分自身でさまざまな理由づけを行い，自己流の「物語」を構築している可能性が考えられます。②のパターンが見られるケースで重要なのは，家庭から離れて暮らすことについての入所の理由として，児童相談所が主体的に関与して措置の決定に至ったことを明確に伝え，そのときの家族が置かれていた状況を丁寧に説明することです。繰り返しになりますが，説明の時期や説明の内容の質が最善であったとしても，説明を受けた子ども自身の「家族から離れて暮らすこととなった物語」が自身の中で変容を遂げる過程が必要なため，一貫した説明と整理に時間をかけていくことが重要となります。

　③については，養育者の精神疾患，金銭的な課題，ネグレクト，保護者や養育者が突如として行方不明になるなどのケースが考えられます。②とも重複するところもありますが，子ども自身から見た生活や世界は，大人や他者から見えている世界とは違うものです。「お金がなくて生活に困っ

ていた……」という説明を大人から受けても，家があり，ゲームやおも
ちゃがあり，お金に困っているという認識や感覚が，子どもに乏しい場合
には，説明を受けたとしても理解と納得には至らないかもしれません。こ
の場合，子どもの年齢や発達，認識が関係してきますが，幼児から小学校
の低学年児童に多いのではないでしょうか。例えば，主たる養育者が精神
疾患などで養育が難しくなり病院へ入院したケースでは，子どもに「体調
が悪くて病院へ行くことになった」と説明をしても，「体調が悪いように
は見えなかった」「昨日まで元気だったのに」などと，子どもは今までの状
況と照らし合わせて考えていきます。そのため，説明をそのまま受け入れ
ることが難しくなると同時に混乱が起こる可能性もあります。③について
は，家庭から離れなければならない混乱の中で，子ども自身が現実世界の
状況と整理が追いつかず，否定的感情が作用することもあり，受けた説明
を素直に受容できない現象が起こると考えられます。これは②の過程にも
見られるものではありますが，②は子ども自身の歪曲した認知がもたらす
ものに対して，③は状況の理解が追いついていない状態での「否認」の要
素が強いと思われます。上記に出したものはあくまでも参考として捉えて
いただきたいのですが，このような多角的な視点をもって子どもの状態を
推測していくこともライフストーリーワークの実施には非常に重要となり
ます。「子どもに説明をした」という行為自体に焦点を当てるのではなく，
「説明の内容（質）」と「子ども自身がどのように受け取ったか」を十分に
吟味していき，説明を受けた後の子ども自身のフォローを充実させていく
必要があります。

　とはいえ，前にも述べたように，ケースをさまざまな視点から検討し，
家庭から分離をするかどうかの判断を実施しなければならない児童相談所
は，業務が多岐にわたり，児童福祉司 1 人が担う業務が非常に多いのが現
状です。

　必要なことは，社会的養護のケースに関わるそれぞれの機関が，「入所
の説明を子ども自身が納得しているか（受容できているか）」を，それぞ
れが関わる際に確認していくことが現存の体制で行える具体的な解決方法
の 1 つといえます。才村・大阪ライフストーリー研究会（2016）は，ライ

フストーリーワークを業務に位置づけた場合，実施について，「措置機関である児童相談所の協力なしにはできない」と述べています。ライフストーリーワークの実施については，関係機関の協働が不可欠となります。家庭から分離した前後のどこかで，ケースに関わる関係者の誰かが分離についての説明で不足しているところに気づき，提起していくことで具体的な動きが進み始めます。また，不明な点を互いに情報の共有で補い方向性を検討することもできます。関係機関が互いの連携の中で対話を通して，「誰がどのように何を話すのか」を具体的に決めていく作業が必要であり，それらが協働することが包括的にケースをつなぐこととなります。説明を行ったから十分であるという思い込みや，大人側の都合で説明を行い物事を進めている現状が多くありますが，これらの意識をもつことから始めてみる必要があるのではないでしょうか？

7.　ケースに関わる責任

　ケースに関わることは，ケースに責任をもつということが発生します。これはライフストーリーワークを実施することにも同じことがいえます。まず，実施する際には，実施者自身が必要な知識を備えておく必要があります。また，実施を検討しているケースについてもあらためて深く知る必要が必然的に生じます。他に，日常の生活の支援の枠組みを見直すことも必要になるでしょう。社会的養護の現場ではさまざまな職種の方がさまざまな立場でケースに関わります。当然，年齢や職務の経験にも違いがあり，それぞれが違った価値観をもっています。それらの違いは，組織やチーム内でうまく作用すれば強みになりますが，建設的な連携や方向性の統一が具体的になされずに，支援の方針が一貫していない場合においては，組織や専門職の集合体が複雑な絡まりとなりケースの進行を妨げます。これはライフストーリーワークの実施も同じです。価値観の違いから派生する支援の方向性の差異は，時には組織やチーム内の不和を生み，目指すべき場所や方向，焦点を別のところへ移していきます。

　必要なのは，起こり得る状況や事態を自覚しながら，子どもやケースが

不利益を被らない方法を協調して探ることです。特に子どもたちの生活の基盤である日常生活の支援に関しては，専門的な価値観の統一は，質の高い支援の礎となり，現状よりもさらに質の高さを求めていくことが関わりの責任を担う側の役割といえます。

8. 「知る権利」について

　数年前に，ある研修会の分科会に参加した際に，子どもに入所の理由を伝えるべきかどうかがグループ討議の話題にあがったことがあります。分科会自体のテーマはライフストーリーワークではなかったのですが，自然にその話題に流れ，現場の方がライフストーリーワークを課題として認識している印象を強く感じました。グループには6人ほどの参加者がおり，私を除く全員が，「入所の理由や，家族のことは伝えなくてよい」と即座に答えていました。「子どもには知る権利もあるが，知らなくてもよい権利があるし，伝えて子どもが不安定になったら対応できない。今でも精一杯なのに……」などを理由として，次々に反対意見を述べられました。その中のある1人の方が，「パンドラの箱を開けることには抵抗がある。実際に入所理由を本人が間違って認識しているが，教えずにそのまま卒園している。今でも教えなくてよかったと思っている」と話したときに，他の参加者が感慨深く頷いていたことはとても印象に残っています。

　ライフストーリーワークの実施に対する反対意見として，「知らない権利」という言葉が使われることがあります。「知る権利」に対して，あたかも子ども自身のことを思ったような言葉ではありますが，人生はその人のものであり，知らない方がよいと定義しているのは第三者になります。「知らない権利」という造語を使うたびに，向き合わなければいけない現実から目を背けることとなり，子どもと支援者の距離が遠のくことを知るべきです。課題があるから実施をあきらめるのではなく，まずは，目の前の課題に対して具体的に取り組めるものを検討することから始めていく姿勢が重要になります。負の側面に着目し，できない理由を探すことは本質を見失うことになるからです。ちなみに，開かれたパンドラの箱に最後ま

で残り，人々に勇気と力をあたえたのは「希望」だったそうです。

9.　ライフストーリーワーク実践の課題

「子どものケースにライフストーリーワークをやっています」「施設でライフストーリーワークに取り組んでいます」といった話を聞くと，「特別な取り組みをしている」「子どものことを考えてとてもすごい」などの感覚が発信した側にも，受け取った側にも生じてきます。また，それらは実施者，実施をしている組織やチームの人たちの中に，「自分は特別なことをしている＝子どものために専門的な関わりをしている＝自分や自分たちはすごい」などの感覚を芽生えさせます。これは私自身にも経験があります。

子どものために始めた取り組みが，個人と組織のアピールやパフォーマンスに転落する危険性を常に意識する必要があります。慢心や驕りは誰の幸せにもならないばかりではなく，ケース自体の進むべき「道」が別の方向へと逸れてしまいます。それらを防ぐためにも，実施をしている際には「誰のために，何のために始めたのか」そのきっかけの原点に立ち戻ることが，たびたび必要となります。しかしながら，ライフストーリーワークを実施している際に，実施の方向性や今後の取り組み，子どもの現在の状況，子どもと実施者との関係性や距離感などを，実施者自身で客観的な視点で冷静に判断していくことには限界があります。

前述したように，社会的養護下の子どもたちは，非常に敏感なアンテナを張っている状態にあり，大人の一挙一動への注目はとても高いといえます。生い立ちのストーリーの混乱を緩和するために始めたものが，大人の意図しない行為により，子どもを混乱に陥れる可能性が十分あることを心に留めておく必要があります。例えば，自身の行動（衝動的な暴力や暴言など）が解消されておらず，家庭での養育が限界であったために児童養護施設に措置された児童がいたとします。家庭生活や，家庭から分離する際には，自身の行動が原因であることを言われ続けており，自身の入所の経緯や自身の行動の背景について心理教育を受けておらず，問題の認識が進

んでいない段階において，「施設に来たのはあなたのせいじゃないんだよ」
と伝えてしまうと「じゃあ，どうして施設に来たの？」「どの大人が言うこ
とを信じたらいいの？」などの新たな混乱が生じます。混乱を防ぐために
は，子どもの現在の状況分析が非常に重要です。ケースについて十分に検
討せずにスタートしたゆえに，思わぬ方向に進んでしまうことは非常に警
戒すべきことです。

　思わぬ方向に進んでいるときには，子どもたちから修正のタイミングを
教わることがあります。それは，直接的な言葉もあれば間接的な言葉でも
あり，表面的な行動でも表現されます。ライフストーリーワークに取り組
むことは，今までの関係性が少し特別なものへと変容していくこととなり
ます。子ども自身のつらい出来事や不安要素がある「過去」にも触れてい
くとなると同時に，「退行」や「行動化」といわれる今までには見られな
かった言動が表出されてきます。その言動は多くの課題を実施者やケース
に関わる大人に投げかけてきます。そのようなときは，一生懸命に関われ
ば関わるほど課題はおさまらず，激しさを増していき，子どもと大人が，
互いに危機的な状況にまで陥る場合があります。

　ここで考えなければならないのは，それがライフストーリーワークの過
程で見られる現象なのか，表出される子どもの行動の対応や日常の関わり
に課題があるのかどうかを検証することです。私の場合は，ライフストー
リーワークの実施の過程というよりは，子どもと向き合う姿勢や関わりの
技術不足の課題などを含めた，生活支援への基盤の枠組みが根本的に整っ
ていない状態であったことを後で気づき反省させられました。それは，
セッション型のワークとして個別の時間を設けて過去を共有し，さまざま
な深い話をしていることに自身が満足し，自分こそが子どもの一番の理解
者であるかのような慢心が日常の関わりに現れ，大切にしなければならな
い基盤の関わりを充足させずに，関係性の境界が曖昧になり，子どもを混
乱させてしまったことです。子どもたちは，よく大人を見ています。さま
ざまな経験から，大人や世界に対する不満と不信を募らせていきながらも，
心の奥底では，自分自身の理解者を渇望しているように思われます。目の
前の大人が自身をゆだねるべき，信頼に足る存在なのか否かを見られてい

ることを，私たち大人は常に自覚しておく必要がありそうです。

10.　日常の生活支援とワークの併合性の矛盾について

　社会的養護を取り巻く現場は非常に厳しい現状があります。しかしその中でも，表出される課題と向き合いながら，心身ともに子どもとケースのためを思い，尽力されている人たちが存在します。今までに述べた課題というのは，ライフストーリーワークの実施の課題でもあり，ケース支援の課題でもあります。ケースを実際によい方向へと導いていくためには，子どもとその家族を中心に据えなければ何を取り組んでもうまくいかない事態となります。

　日常の生活支援とライフストーリーワークは連動しており，相互に干渉しているものです。先に述べた私の過去の反省もそうですが，面接場面やセッションを実施しているときに，「あなたのことをとても大切に思っている」という言葉を伝え続けたとしても，子ども自身が日常生活の中で大切にされていることを実感していなければ，子どもに矛盾と葛藤を与えるだけとなります。また，どれだけ質の高いライフストーリーワークを実施したとしても，「過去」「現在」「未来」をつなぐ中心であり，戻るべき「現在」の基盤がしっかりとなされていなければ，足元から崩れ落ちることになりかねません。まずは，ライフストーリーワークの実施を検討する前段階として，子どもに対して，不適切な関わりを徹底的に行わない覚悟が必要です。「おい，お前」など，名前を呼び捨てにする，威圧的に命令口調で関わる，「いい加減にしろ！」などと恫喝する，押す・胸ぐらをつかむ，平手で打つ，叩く，蹴るなどの暴力などはすべての関わりとその時間を無にし，子どもたちの心身に悪影響を及ぼす行為となります。そのためにも，質の高い取り組みと，組織で対応していく支援体制の構築が求められます。具体的な取り組みにはさまざまなものがありますが，その中の1つをご紹介します。

　現在日本では，アメリカの主要な家族支援団体の1つであるボーイズタウンより，ボーイズタウン・コモンセンスペアレンティング®とボーイズ

タウン援助計画（アセスメントと月まとめ）が公式供給されています。この2つのコンビネーションで健全な発達の子どもから行動に課題がある子どもまで，幅広く効果的な支援が可能となります。ボーイズタウンのプログラムでは，入所の際に子どものケースのアセスメントを行い，ケースに必要な方向性と将来に必要な社会スキルを特定し，生活の中で子どもに行ってほしいことを丁寧に伝え，実際に練習しながら，褒めて励ましていきます。また，子どもが感情的になった際には，大人が落ち着いて対応して，子どもの落ち着きを促し，落ち着いた後で話をしていくなど，一貫性のある質の高い関わりを目指します。生活の中において子ども自身が物事に失敗して感情的になっても，大人からは一貫して丁寧に教えてもらえ，数多く褒められ，成長を支えてもらえるという体験と，自身が大切にされているという実感を得ない限りは，子どものケースがうまく進むことは難しいでしょう。また，内的な課題を克服する前の段階として，子どもが現実の社会（学校や，施設での生活など）において，成功体験を積み重ねていくことを置き去りにしてケースの方向性を検討することはできません。

　ライフストーリーワークの実施にしても，自分を大切にしてくれない人や，自分に関心がない人に対して，普段は語ることのできない感情を共有

図2-1　日常生活の支援を基盤とした関わりのイメージ

したい気持ちは生まれてこないでしょう。図2-1のように，日常生活の支援は，生活の基盤づくりにあたります。基盤が安定していない状態においては，子どもの漠然とした不安や，内的な課題の核ともいえる事象と向き合うことに到達することは考えられません。子どもが「この世界に生きていていい」と自身の生を肯定するためには大人側が乗り越えなければいけないハードルが幾重にも存在しています。楢原（2015）は，体系的なペアレンティングの技術としてコモンセンスペアレンティングを紹介した上で，プログラム本来の意図や目的，対象をよく理解することが重要であり，なぜその対応が望ましいのか，その理由や意味を理解し，一人ひとりに応じた丁寧な対応を積み重ねていくことが大切であると述べています。いずれにしても取り組むプログラムの本来の意図や目的を正しく理解し，丁寧な対応を積み重ねていくためには，知識と技術を学びながら訓練を積み重ねていく取り組みが不可欠です。

11.　心の深い奥底を垣間見るということ

「過去」に触れていくことは，子どもの心の深い奥底まで実施者が意識を潜り込ませていくイメージとなります。たとえば，スキューバーダイビングでは，海の深くまで潜るために，ダイビング用の重機材を含めて，それなりの準備と装備が必要になります。基本的に，海に1人で潜ることはせず，2人1組で「バディ」を組みます。バディは互いに相手の状態を確認し，互いにサポートできる体制をとります。準備と体制があって初めて深い海へ潜り，再び地上へ戻る安全なダイビングが可能となります。

ライフストーリーワークを実施する際にも同じことがいえます。実施者が自身の力や子どもとの関係性を過信し個人でケースを囲ってしまうと別の問題を誘発することとなり，互いに「過去」の渦中に飲み込まれて彷徨うこととなります。質の高い専門性を保ち子どものケースを正しい方向へ導いていくためには，質の高いSV（スーパービジョン）とFB（フィードバック）の体制が求められます。植田（2015）は「対人援助におけるスーパービジョンとは，当事者により質の高い援助を提供するために，人材育

成と人材活用を目的として明確な目標を掲げ，スーパーバイザーによって行われるスーパーバイジーの成長を支援する，また，その体制を整えるプロセスである」と述べています。また，才村＆大阪ライフストーリーワーク研究会（2016）は，ライフストーリーワークの実施の過程においてスーパーバイザーの役割を「実施者からのライフストーリーワークの進行状況や子どもの様子などについて報告，相談を受け，助言を行う」ものと述べています。いずれにしても実施者を孤立させないための支援体制を考えていく必要があります。

12.　ライフストーリーワークの現状と課題について

　Wrench & Naylor（2013）／才村・徳永（2015）は，日本におけるライフストーリーワークの導入と展開について，社会的養護の現場の支援者が子どものニーズに対応する必要性を自覚してきていることを肯定的に捉えつつ，「ライフストーリーワークの急激な導入や安易な適用はライフストーリーワークを単なる一過性の『技法』として閉じ込めてしまい，その背景にある理念や制度・政策までを射程に入れた変化を導き出すことは難しい。それでは，ライフストーリーワークが一部の支援者の自己満足にとどまってしまうリスクがあるばかりでなく，真の意味での社会的養護の子どもの権利の底上げにはつながらない」と指摘しています。ライフストーリーワークの課題については，この言葉に尽きると思います。ライフストーリーワークの意義と方法，リスク，メリットとデメリットなどについて正しく理解をした上で，個々のケースについてのアセスメントを行い日常の生活の基盤や関わりを見直し，関係性を築いていきながら子どもの視点に立ち，自分たちに何ができるのか，何が必要なのかを考えていくことが重要になります。繰り返しになりますが，実施者の自己満足で終わる中途半端な実施や宣伝，パフォーマンス的な実施などは，絶対に避けるべきです。ケースに関わる責任を明確に自覚した上で，最終的にケースと子どもを混乱に陥れるのではなく，子どもと家族のケースをよい方向へ進めるためにアセスメントを行い，具体的な方法を模索していくことを忘れてはいけま

せん。子どもたちの人生に関わりをもつことは，関わる側にケースと関わる責任が発生することとなります。子どもが求めていることに応えてあげたいと思い，ともに日々の営みを過ごしているか，自身のことだけを考えて日々の営みを過ごし，できるならば面倒なことは起こってほしくないと思っているのかでは，「支援の質」が大きく変わってきます。当然，子ども自身の受け取り方としても大きな差が生じてくるでしょう。時代が移り行く中で制度の変革などがあり，社会的養護のニーズも多様化している現代だからこそ，子どもの視点で物事を捉え，今できることを考えて実践していくことに立ち戻る必要があります。求められているもの，問われているものは，時代とともに形を変えているように見えますが，すべての答えは目の前の子どもが語りかけてくる中に存在しているのです。今できることに目を向けた歩みの一歩を踏み出すことで，子どもの世界が動き始めていくでしょう。

第 3 章

ライフストーリー
ワークの基礎知識

1. ライフストーリーワークを実施するにあたって

(1) ライフストーリーワークとは

　ライフストーリーワークの詳しい方法については，これまで出版されたライフストーリーワークの手引書を参考にしてください。ここでは主に考え方などを述べることにします。

　ご存知のとおり，ライフストーリーワークは英国から日本にもち込まれたものですが，もともとは子どもに過去の真実を秘密にしておいた方が子どもを苦しめないのではないかという考えが主流を占めていたようです。しかし，大人になって子どもが真実を知るようになり，知らなかったことによって生活に多くの困難があったことや，教えてもらえなかったことへの不満などを受けて，子どもの頃に真実を明らかにした方が子どもの成長によりよい結果をもたらすのではないか，ということから生まれたものです。

　社会的養護下の子どもはいつも自分がはっきりせず，モヤモヤした気持ちが続き，親や親戚に見捨てられ，自分には生きる価値がないのではないかと考えがちです。そして，自分の過去が気になり，なぜ自分はここで暮らしているのだろうか，ここに来る前にどこで生まれ，どこで育ったのだろうか，家族は今どこで何をしているのだろうか，きょうだいはいるのだろうか，などと不安な状態になっている子どももいます。また，自分をこのようにした大人が信じられないので，誰を信じればよいのかわからず，自分の家族のことを聞いてよいのだろうか，なぜ普通の暮らしができないのだろうかと不信感を募らせて生活していると思われます。このような状態になるまでには，子どもの家族にはさまざまないさかいや悲しい出来事が起きていたことが予想されます。そんな状況の家族には子どもを温かく見守り，育む余裕などありません。出来事の1つひとつを子どもに丁寧に説明することすら難しいのです。

　ライフストーリーワークは，社会的養護下の子どもたちの不安定な状態を変えることができるといわれています。英国の実践や日本での多くの試

みなどから，ライフストーリーワークは子どもにとって以下のような意義があると考えられます。

①子どもの知る権利を保障する。
②子どもが根無し草にならないという安定感が芽生える（アイデンティティの形成促進）。
③過去に縛られた受け身（自分が悪い）の生活から主体的人生へ向かうことができるとともに，不安をもたらしていた過去を整理し未来へとつなぐ（未来志向をつくり出す）。
④過去を共有する大人との愛着関係によって，他人や自分への信頼へとつながる（エンパワーメント）。つまり，ライフストーリーワークによる自己理解が他者理解へと展開する（基本的信頼関係の構築）。
⑤施設内での子どもの問題行動は，家族にまつわる発達的，あるいは偶発的出来事から発生することが多いが，それを思いとどまらせるようになる（回復力の増強）。
⑥大人になってからの生活の多くの空白を埋めるきっかけとなる（パーマネンシーの保障）。

これらをまとめるとライフストーリーワークには4つの大切な概念が浮かび上がってきます。それは①アイデンティティ形成促進，②愛着形成，③パーマネンシー保障，④自尊感情の育成です。この4つが充足することによって，子どもは自分らしくなり，周りに影響されることなく，自立に向けて積極的に活動できるようになるのです。
ライフストーリーワークは子どもが真実を知り，その意味づけをし直し，家族との暮らしを失ったことなどを受け入れ，自分の人生を選択していくプロセスをサポートする試みです。これは真実を子どもの人生に組み入れる作業でもあり，子どもの人生の空白をつなぎ合わせてくれるものでもあります。実施する場合，支援者は子どもの知らないことを教え，子どもから知らないことを教えてもらい，2人とも知らないことを一緒に探しながら，子どもの現在，過去，未来という時間を一緒に旅行をする作業です。

現在，過去，未来という順番に行うことはとても大切なことです。それは過去に多くの悲しい出来事が隠されているので，いきなり過去から始めることは子どもにとって痛みを伴うからです。現在の安全な状態を子どもに味わってもらい，少しずつ過去へと戻る方がとてもリスクが少ないのです。できれば，最後にまた現在に戻って，終了すれば子どもの安心感はより高まります。さらに，ライフストーリーワークを実施しているときも，その都度，今の生活での子どもの存在を認め，自身が今の日常をつくり上げているという実感をもたせ，子どもの現在を強化することも忘れてはならないでしょう。

　次に「物語」について考えてみましょう。ライフストーリーワークは文字どおり，子どもの人生の「物語」をつくる作業です。「物語」には始まりと終わりがあります。私たちは日常生活の中で，さまざまな出来事をつなぎ合わせて生きています。実は私たちの生活は，客観的には単なる事実の羅列にすぎません。それは人の行動を見ているとき，その人にはその行動の理由があっても，他人からはその理由はわからず，単なる事実でしかないことからわかります。しかし，私たちは頭の中でそのような事実を並べて生きているわけではありません。その事実をつなぎ合わせて自分なりに意味づけして「物語」をつくっているのです。何か出来事が起きるとその理由を探して，それを組み合わせて意味のある「物語」にするのです。このつなぎ合わさったものが「物語」なのです。カウンセリングも実は「物語」をつくる，いや，つくり直す作業なのです。事実でごちゃごちゃになった頭の中や，出来事がネガティブに解釈されている「物語」を別のものにつくり変えるようにするのです。したがって，「物語」をつくる際には，その人の出来事に対する解釈の仕方が重要になります。要するに，出来事をどう捉えるかということです。

　その捉え方は人それぞれですが，捉え方によって「物語」も違ってきます。社会的養護下の子どもの多くは，ネガティブな出来事を多く体験していますから，「物語」もネガティブになることが多いと思われます。また，事実を教えてもらえることなく今の生活を強いられていますから，ただネガティブな出来事を拾い集めて「物語」をつくるしかないのです。ここに

新しい事実を組み込んだり，誤った捉え方の修正を行ったりすることで，子どもは自分のポジティブな生き方を見出すことができるようになるのです。

　したがって，ライフストーリーワークを行うにあたっては，子どもがポジティブな生き方を見出すことができるように，子どもと協働するこがとても重要です。つまり，支援者は子どもがこれまでつくってきた「物語」に新しい事実とそれにまつわるポジティブな捉え方を示してあげることが必要です。

　例えば，母親が子どもを育てる余裕がなくて施設に預けたことについて，支援者はその事実を伝えるばかりでなく，母親の話（物語）をしっかり子どもに聞かせ，母親が子どもを見捨てたわけではないということを示すことも必要になります。また，子どもと会って話をしてくれること自体に母親の思いがあることを伝えることもできます。このように，人の行動にはいろいろな意味があるので，支援者はそれをポジティブに感じ取り，子どもに伝えることも必要になります。

(2) ライフストーリーワークは誰のためのものか

　ライフストーリーワークを行うことで多くの成果を得ることができます。先に述べたようにとりわけ社会的養護下の子どもには多くのメリットがあります。そして，そればかりではなく，その他の人たちにもメリットがあります。

実親にとってのメリット
①子どもとの再会があれば，子どもの今の気持ちや生活を知ることができる。
②親としての役割が再認識でき，それを実行することもできる。
③子どものニーズを知ることによって，子どもにしてあげられることのきっかけづくりとなる。
④嘘をつくことによる子どもとの関係の悪化が防止できる。
⑤子どもが親を信頼し，関係が深くなる。

支援者にとってのメリット

①子どもの過去のことがわかり，子どもの今の行動の意味が理解できる。

②子どもの未来のイメージが描きやすくなるので，現在から将来へつなげる援助が実行しやすくなる。

③知り得た多くの情報が役に立つので，ケースワークや家族援助に役に立つ。

④協力関係ができるので，日常生活において子どもの視点に立てる。

⑤信頼関係が構築されるので，子どもの訴えや行動に安心感がもてるようになる。

　以上のようなメリットが考えられます。実親については，子どもとの関係をつくるチャンスになり，これまでついてきた嘘や真実を隠してきたことから解放されるようになることが最大のメリットといえるでしょう。また，支援者にとっては，子どもをより深く理解し，お互いの関係も今以上によくなり，コミュニケーションが促進されることが期待できるでしょう。

　しかし，ここで考えておかなければならないことは，ライフストーリーワークが子どものためにあるということです。実親や支援者のためにあるということではないのです。特に私たち支援者は，ともすればライフストーリーワークを行うことだけに気を奪われ，どの子どもにしようかとか，どんな方法でしようかとか，誰としようかとかに夢中になって，子どもを置き去りにしがちです。ライフストーリーワークを行うことによって得るメリットに目を奪われたり，また周りがやっているので，自分も遅れないようにと無理に試みようとしてみたり，実施している間も支援者だけが楽しんだり，悩んだりしていないでしょうか。あくまでもこの「物語」の主人公は子どもなのです。ライフストーリーワークは子どものデリケートなところを扱っていることを忘れずに，カウンセリングマインドでいわれているように「子どもの側に立つ」という意識を常にもち続けることが，後に述べるライフストーリーワークのリスクを最小限に食い止める方法でもあるのです。

(3) 子どもにとっての各機関の役割と協働

　ライフストーリーワークは，支援者が1人で実施しようとしても難しいものです。実施する人と児童相談所，実親を含めた子どもの家族などが協力関係を築いて行うことが原則です。実施する場合の核となるのは児童相談所です。子どもの措置機関である児童相談所は，子どもに関する家族等の情報を記録し管理していますから子どものことを詳しく知っています。また，わからないことを新たに調べることもできます。さらに，子どもが入所している施設や里親への指導や助言，さらには子どもにとっての「最善の利益」を行使する機関でもあります。したがって，児童相談所の判断や協力は不可欠となります。児童相談所でのライフストーリーワークの実施状況としては，児童相談所職員が児童相談所内で行ったり，子どもが入所している施設や里親から依頼されて行ったりしているところもあるようです。また，子どもが入所している施設や里親と児童相談所が協働で行ったりしているところもあります。もちろん，子どもが入所している施設職員や里親が主体となって行っている場合もあります。施設職員や里親が独自で行う場合でも児童相談所の承認は必要になります。また実親の承認を受けた方が，最初に計画したことがスムーズに進んでいくでしょう。

　ライフストーリーワークの必要性については，乳児院や児童養護施設の職員の意識は高いように思います。それは日常場面で子どもや家族と接する機会が多いため，子どもの自立や家族の統合に向けての支援の意識が強いためかもしれません。実際子どものさまざまな問題行動や家族の事情を目の当たりにすると，子どもを何とかしてあげたいという気持ちが強くなっていくのは当然でしょう。

　そこで，各機関の役割や協働について，児童養護施設で実施する場合を例にとって考えてみましょう。例えば，自分の担当の子どもが，同室の子どもが母親と面会していることを知って，以前は事情があって子どもに母親のことを教えていなかったが，そのときになって「母親のことを知りたい」と言い出してきた場合，担当の職員はどうしたらよいでしょうか。このような場合のその場での対応はいろいろ考えられますが，まずはホーム

1. ライフストーリーワークを実施するにあたって

で共有することから始めるとよいでしょう。そして，その議論をもとにその子どもにとって現時点でライフストーリーワークが必要かどうかを判断し，必要であれば施設内でチームを組んで実施体制をつくることです（図3-1参照）。施設には施設の事情がありますから，どういった体制で誰がどんな役割を担うかは，子どもを中心に据えてしっかり考えることです。施設には家庭支援専門相談員や心理士もいますから，そういった専門職の意見を取り入れて行うことも大切です。また，他のホームの職員も知っておいた方が都合のよい場合もありますから，そのことは施設長を含め施設全体で共有しておく必要があります。メインで実施する職員，サブとして実施する職員，話し合いなどに協力する職員，子どもやスタッフが不安定になったときに話を聞いてくれる心理士，進行管理をするリーダー役の職員などさまざまな役割をもった職員のチーム体制が考えられます。

　そういった施設内の基盤をつくった上で，児童相談所の担当児童福祉司に連絡し，子どもの権利を護り自立を促すためにライフストーリーワークが必要であることを説明し，協力を依頼するのです。それに反対するような児童相談所は少ないでしょう。

　児童相談所の協力が得られたら，実親や家族の了解をとることを担当児童福祉司と話し合い，担当児童福祉司から実親や家族にライフストーリーワークが必要であることを説明してもらい，了解を得るとよいでしょう。

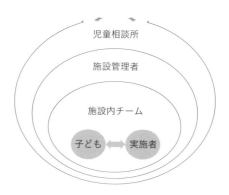

図3-1　ライフストーリーワークを施設で行う場合の構造イメージ

施設職員が実親や家族に説明する方が，親子関係，そして実親や家族と施設との関係などから好ましい場合もあります。了解が得られない場合は，この時点で子どもにどこまで話すかの限界について，実親や家族としっかり話す必要も出てきます。了解が得られた場合は，ライフストーリーワークの実施計画を立て，それに従ってライフストーリーワークを進めていきます。進める際には，施設内で役割分担を決めて実施します。ライフストーリーワークは予定どおりに進むとは限りません。実施している途中で子どもが消極的になったり，職員が行き詰まりを感じたりすることもあるでしょう。そんなときには実施チームとよく話し合い，一時的に中断することも考えなければなりません。自分の生い立ちを知ることは，自分を見つめる作業でもありますから，子ども自身がある程度の心の強さをもっている必要があります。そのことについては後で述べることにします。ライフストーリーワークを実施する場合は，このように施設内の職員や児童相談所の協力が欠かせません。常に協力関係にある職員には経過を報告し，相談する体制をつくっておくことが重要です。

　ライフストーリーワークを誰が実施した方がよいかということがよく議論になりますが，日本にはライフストーリーワークを専門にやれるような人を育てる仕組みはまだありませんし，そういった専門家もいません。したがって，施設内でよく話し合って決めるとよいでしょう。実際現場で行われている状況としては，担当の子どもに対してライフストーリーワークの必要性を感じている職員が実施している場合が多いようです。

2. ライフストーリーワークを始める前に知っておくこと

(1) 支援者が子どもを護るための取り組み

　西澤（2012）は，施設や里親における治療的養育において，1つのモデルを示しています。「安全感・安心感の形成」と「被保護感の形成」を家の土台にして，「人間関係の歪みの修正」「アタッチメントの形成と対象の内在化」「自己調整能力の形成の促進」「問題行動の理解と自己への統合」の4つの柱を立て，「自己物語の再編集」という屋根を想定し，家に見立て組

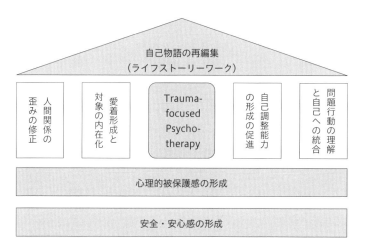

図 3-2　子どものケアにおける自己物語の再編集（西澤，2012 より作成）

み立てています。この屋根の部分の「自己物語の再編集」をライフストーリーワークと考えることもできます。子どもは自分の生い立ちとか代替養育を受けるようになったことから，自分が悪いからこうなったのだと考えるようになります。しかし，ライフストーリーワークによって真実に触れることによって，そういったネガティブな感情からつくられた自己物語が肯定的な自己物語へと再編集されるのです。

　この図 3-2 を参考にライフストーリーワークを行う上で，施設の支援者や里親が日常的に子どもに行わなければならないケアについて考えてみましょう。まず，ライフストーリーワークを行う前の土台となる「安全感・安心感の形成」と「被保護感の形成」について考えてみます。虐待を受けた子どもにとって，よく「安心・安全な環境」が必要であるといわれます。それは子どもにとっての安心感や安全感がもてる環境を指します。では，子どもにとっての安心感や安全感とは，具体的には，どのような状況を指しているのでしょうか。

　施設や里親に預けられた子どもは成長過程でさまざまな悲惨な出来事に出合っていると思われます。特に虐待を受けている場合は，大人への不信感や周りの出来事に敏感に反応するようになっています。それで代替養育

を受けた当初は，自分がまた以前のような状態になりはしないか，自分を脅かすものがいないかどうかと常に臨戦態勢になり，施設や里親の家庭では落ち着かない生活を送ることになります。

　こういった状況では，子どもに「自分は安心である」とか「ここは安全である」という感覚はないでしょう。支援者はこういった状態を取り除くことから始めなければなりません。「ここは以前住んでいた家庭ではない」「ここにいる大人は危害を加えない」「あなたはここで護られている」という感覚を子どもに感じ取ってもらう必要があります。言葉で「もう大丈夫」とか「あなたは安心していいよ」とかを言っても，それを子どもに感じ取ってもらうことはできません。ここで専門的，あるいは治療的養育が必要になってくるのです。

　つまり，子どもの日常が何の変哲もない，朝起きて食事して，学校に行くという繰り返しであることがとても大切なのです。私たちの暮らしも，同じことの繰り返しでできています。そういったことが，これまでできなかったことが，彼らを苦しめ，彼らを不安にしていたのです。安心感というのはそういうところから生まれてくるのではないでしょうか。要するに，子どもがこの世界を捉えやすくしてやることで不安は軽くなるのです。また，そこで誰からも邪魔されず生活を営めていることや，そこにいる支援者が子どもの声に耳を傾け，子どもの側に立って，子どもの葛藤を理解し一緒に考えてくれることで，保護されている感覚も醸成されていくのです。

　こういった土台があって，子どものいくつかの課題が浮かび上がってきたときに，それに対処するのです。例えば，支援者をわざと困らせたりする，いわゆる「ためし行動」と呼ばれるものがあります。「ためし行動」という言葉は，子どもの生い立ちや子どもへの尊厳などからすれば，あまり適切な表現ではないように思います。そうしなければいけない状況に子どもが陥っていることを理解すればよくわかると思います。

　こういった行動にはとことん付き合ってあげたり，普段から子どものよい部分を褒めてあげたりしながら，子どもが冷静になったとき振り返りを行うような工夫をすることが大切です。子どもにどういったときにそうなるのかを聞いてみるのもよいかもしれません。

支援者との愛着の形成はとても重要な養育条件です。支援者との関係の中で，これまで築けなかった大人との絆をつくる作業です。愛着が形成されると，子どもの心の中に支援者が内在化されて，それが子どもの行動の規範となるのです。愛着を形成する方法として，支援者が子どもに対して一貫性のある態度をとることや子どもの要求にすぐに反応することなどがあげられます。

　また子どもは怒りを爆発させたり，急に落ち込んだりして自分の感情の調整ができないことがよくあります。怒りについては，現在ではコモンセンスペアレンティング®（common sense parenting: CSP）や怒りのコントロール法などもあり，子どもと一緒にそういった行動について冷静になったときに話し合ってみるのもよいでしょう。また，西澤（2012）があげているように，「すごく悲しくて，大暴れしたいんだね」などと子どもの感情を言葉で表現してあげることもよいでしょう。最近の研究では，支援者が叱ることで脅威を与え，子どもの感情を抑えようとすると，脳の中の自動制御機能が育たないといわれています。感情はたとえ負の感情であっても自分の気持ちを伝えたり，発散したり，場合によっては命を守るためのものであり，人間が生活するためにはなくてはならないものです。したがって，子どもの嫌な気持ちを表現してあげて，それを共有しながら脳の感情制御機能を育てることが重要です（大河原，2015）。また，施設や里親家庭では嘘や盗みなどの問題行動もよく起こります。問題行動の裏には，子どもが生い立ちの中でつらい体験をしたことが影響しています。問題行動だけに目を向けて，それを矯正しようとすると，その行動が増幅する恐れがあります。その裏にある子どもの悲しみや孤独感などを理解し，何か別のものに置き換えてあげたり，子どもの話を十分聞いてやったりすることが大切です。特に「なぜ，あなたはそんなことをするの？」という質問はよくありません。理由を聞かれると，論理的に答えないといけなくなるので，子どもは苦しくなって，「僕が悪いんじゃない」とか「わからない」とか言って黙り込んでしまいます。子どもは無意識に行動していますから，理由などわかるはずがありません。質問するとすれば「どうしたらよくなると思う？」くらいでしょうか。とにかく，子どもの問題行動の背景を理

解し，子どもが自分で自分をコントロールできるように考えてやることが大切です。

　このような取り組みを行うことで，ライフストーリーワークを行うことが容易になります。しかし，これはあくまでもモデルですので，そううまくいくとは限りません。問題をもっていてもライフストーリーワークを行わなければならないときもあるでしょうし，ライフストーリーワークを行っている途中で，突然精神的に不安定になったりするかもしれません。こういった治療的養育がどこまでできているかを施設の心理士や児童相談所の児童心理司に見立ててもらい，ライフストーリーワークを行うことが，より安全な方法といえるでしょう。

(2) 実施する前の段階でやっておくこと

　ライフストーリーワークを始める前に支援者やそのチームが考えておくことがあります。やみくもに行っても，実施方法が子どもに合わなかったり，なかなかうまく進めなかったりすることもあります。ここでいくつか注意点をあげてみます。

1）子どもの精神の安定度をチェックする

　子どもが解離などのトラウマ反応を起こしていないかを確認しておくことです。児童相談所の心理判定書や施設の心理士から情報を得るとよいでしょう。また，愛着障がいによる感情調整の程度も確認しておく方がよいでしょう。子どもが職員を試したり，統制しようとしたりすることもありますから，そのことにも注意しておく必要があります。

2）アカウンタビリティ（説明責任）を行使する

　子どもの年齢に合わせて，ライフストーリーワークの説明を行うとともに，支援者の立場や体制，目的や方法などについても十分説明を行うことです。その場合，ライフストーリーワークのリスクや中断する権利が子どもにあることも説明しておく必要があります。さらに，子どもが恐怖を感じた場合などのハプニングが起きたときの対応についても十分説明が必要です。子どもに説明した後，「何か聞いておくことや心配なことはありませんか」と尋ねることや，実施しているときでも，子どもの質問には真摯

に答えることが，子どもが安心してライフストーリーワークを行うことにもつながります。

3）子どものニーズのチェックをする

　子どもがライフストーリーワークをしたいということには何か意味があるはずです。例えば，あまり深く考えずに言っていたり，親に会うためだけにそれを訴えたりしている場合などがあります。子どもから話を十分に聞いたり，他の職員に確かめたりして，子どもの本当のニーズを把握し，子どもに理解を促すようにしましょう。

4）会話や遊びを通して信頼関係を構築する

　ライフストーリーワークを実施する前に大切なことは，実施者を子どもが信頼できているかどうかということです。先に述べたように，ライフストーリーワークを行うには子どもが過去のつらい体験と向き合う心の強さが必要です。実施する場合には，つらい体験を知ることを一緒に行う実施者との絆が重要な助けとなります。信頼関係をつくるには，子どもと一緒に遊びながら，子どもを受け入れ，子どもからも受け入れられるような体験が必要です。そういった絆をつくっておくと，子どもがつらい過去を知るとき，実施者が子どものリソース（心の中にあって助けになるもの）となって，子どもの動揺を防ぐ効果があります。また，『今から学ぼう！ライフストーリーワーク』（才村・大阪ライフストーリー研究会，2016）の「子どもとの関係づくり」の技法を使うと子どもも自分の気持ちを出しやすくなります。子どもの気持ちが表現されると，子どものニーズがわかり，ライフストーリーワークの目標も設定しやすくなります。

5）実施計画を立てる

　まずは実施方法やいつまでやるか，どこまでやるかをチームで話し合いましょう。計画を立てるには，いつ実施するかも大切ですが，年度末に職員の異動などがありますから，当面その年度内にできることを考えましょう。職員の考えや子どものニーズなどから，お互いに負担のないような計画を立てることが重要です。また，方法についても，後で述べるような「セッション型」にするのか，当面「生活場面型」にするのかを決めておく必要もあります（山本・楢原・徳永・平田，2015）。「セッション型」にし

ても方法はさまざまです。才村（2009）の「ライフストーリーブック」を使ってじっくりするのもよいかもしれませんし，この本を部分的に使っていく方法もあります。それも期間の制限や子どもの状態などを考慮し，計画を立てるとよいでしょう。私たちは「ライフストーリーワーク実施前確認シート」（山本ら，2015）にケースを落とし込んで，始める前に話し合いをするようにしています。それから，この他に「真実告知型」もあるかと思います。これは真実告知だけに特化した方法で，方法や内容については後で述べます。

6）カバーストーリーを作成する

カバーストーリーは，もともとは子どもが自分のことを説明するために使用するものですが，実施する前に子どもと一緒につくっておくとよいでしょう。カバーストーリーをつくる意義については，子どもが自己にまつわることをどう認知しているか，また子どもの生い立ちを知る上で実施者がその難関を知ることができます。そして子どもが物語をつくる練習にもなります。また，それとは別に実施者が知っている情報から，子どもの気持ちになって，大まかなカバーストーリーをつくってみるのもよいでしょう。これによって子どもへの共感性が増すとともに，子どもと支援者のズレもわかりやすくなります。

7）実施体制を整備する

これについては先に述べましたので，詳しくは述べません。施設内チーム，施設長を含めた施設内合意，児童相談所との協働，実親や家族の承認について，しっかり体制づくりをしておくことが，いざというとき安全です。

8）エコマップを作成する

実施者が子どもの安全を護り，子どもの社会的資源（リソース）のマップを子どもと一緒につくることは，実施者にとっても子どもにとってもとても重要です。子どもが普段どんな人や機関や物を自分のリソースとして捉えているか，その量や深さなどは子どもの人生に重要な役割を果たすことになります。それを知っておくと実施者も安心です。ライフストーリーワークを始めてからでも構わないので，エコマップをつくっておくとより

安全にライフストーリーワークが実施できます。

9) 障がいの有無を調べておく

　児童養護施設で多く見られるのは，知的障がいや発達障がいです。また，精神障がいも稀に見られます。これらの障がいを対象にしたライフストーリーワークは，今始まったばかりで，これからの多くの課題を含んでいます。それぞれの障がいの状態でライフストーリーワークは異なってきますから，その障がいの程度や特徴を知っておく必要があります。

(3) 実施しているときに注意すること

　実施することが決まったら，子どもがライフストーリーワークについてどこまでわかっているか，不安は残っていないかなどを確認します。子どもは実際にいくつかのワークをやってみないとわからないでしょうから，実施したばかりでは確認ができない場合もあります。確認するというのは，子どもが安心して実施者と取り組めているかを確認するという意味です。こういった安心感はこれからの作業において，お互いのやりとりをスムーズに行えるようにするものなのです。実施者も子どもも不安を抱えたままにしておくのはあまりよいことではありません。実施しているときでも，不安を取り除くために，わからないことや困ったことについて，子どもが質問できるようにしておきましょう。そしてまた，その質問には必ず答えて確認作業を行うことが必要です。

　また，実施中は乗り越えなければならないいくつもの難関があることを知っておくことです。前述したようにカバーストーリーでもわかるし，当然実施する前に子どものケースを調べるでしょうから，そこからでもわかります。これまで父親だと思っていた人が父親ではなかったり，子どもにきょうだいがいたり，実は母親が行方不明ではなかったりなど，子どもが知らない多くの真実が浮き彫りにされていきます。さらに，深刻な真実として，親の死，親族殺人，親の犯罪歴，親の反社会的集団所属，遺棄，強姦による出産などがあります。これらについては，真実を隠すことはできないので，チームで話し合いを繰り返しながら，子どもに負担のないように配慮しながら伝えていきます。こういったことを伝えるために，その先

の難関のことを考慮に入れて，ある程度区切りがついた時点で，「これから少しつらくなるかもしれないけど，先に進んでよいですか」と子どもに尋ね，子どもの意思を確認しましょう。また，子どもにとってつらいことは，原則どおりにゆっくり丁寧に「点滴を落とす」ように行うことです。子ども自身が物語をつくるのを援助するのがライフストーリーワークですから，勝手に支援者が進めるのはよくありません。子どもが自分でやっているのだという実感をもつようにすることと，つらい過去は少しずつ子どもの物語に落とし込むことが大切です。

(4) 実施した後の段階でやること

　ライフストーリーワークが終わっても，子どもの自己物語がそこで終わりとなるわけではありません。子どもはその後の人生でさまざま出会いや別れを繰り返しながら，今度は子ども自身が自分の物語をつくっていくのです。しかし，ライフストーリーワークは一旦そこで終わってしまう場合もあるし，その後で子どもや支援者に疑問が生じて，また再開することもあるでしょう。

　ここでは，どんな状況で終わるかについて考えてみましょう。

1) 実施計画で目標にしていた段階に達した場合

　子どもも支援者も納得のいく状況になれば終わることができます。初心者の場合は，あれもやっておけばよかった，こんな方法もよかったかもしれないなど考えることが多くなると思います。しかし，子どもが真実を知り，自分の過去を自分のものにできればそれでよいのです。そこからまた新しい物語をつくっていけるようになるからです。

2) 支援者が異動などでできなくなった場合

　計画を立てる段階では，あらかじめ年度末の異動を予測して計画を立てますが，支援者の異動に備えて，チームを組んで実施すれば，実施する人を変更してもそれほどの支障はありません。子どもに説明をすればすむことです。もし，1人で実施していて，途中で異動になった場合は，子どもの喪失感の助長や信頼が揺らぐ恐れがありますから，できるだけ他の人に引き継ぐことを心がけておいてください。また，必ずその事情を子どもに

説明してください。

3）子どもがもうすでに納得している様子のとき

　この場合はいろいろなことが想定できます。年齢にもよりますが，子どもはある程度納得すると，ライフストーリーワークに消極的になる場合があります。それは実施する前のモチベーションのあり方に関係していると思われます。支援者とただライフストーリーワークをしてみたかったり，支援者の到達目標と子どもが知りたい情報とが食い違っていたりすることから生じることが多いでしょう。そういった場合は，もう一度ライフストーリーワークについて子どもとよく話し合って，子どもにとって最善の方法を考えてみましょう。

4）子どもがやめたいと言った場合

　子どもがこれ以上続けたくないとはっきり申し出た場合は，やめるのが原則です。子どもにはやめる権利もありますから，その理由を聞いて，子どもの心情に寄り添うことが大切です。子どもにとってあまり意味がなかったり，これ以上進むのは不安だったりする場合などが考えられます。子どもが自分の意思でやめると言えるのは，むしろ支援者との意思の疎通ができている証でもあるので歓迎されるべきことです。ライフストーリーワークが途中で終わっているわけですから，今後のことを子どもやチームとしっかり話し合う必要があります。子どもがやめる理由をチームで見立てて，それに沿って今後の計画を立てていきます。その場合，もう実施しないという選択もあります。必ずしもすべてが計画どおりに進むわけではないので，終わり方をどうするか，つまり子どもの自己物語に分断が起きないような終わり方をすることが大切です。子どもの人生は施設を出た後も長いですから，それを見越して，子どもが安心して暮らしながら，実施したライフストーリーワークをこれからの人生へとつなげるような工夫をしましょう。

5）子どもが不安定になった場合

　ライフストーリーワークを行う場合，後で述べるように，深刻な場面や思わぬ事実に遭遇し，子どもが不安になるような場面がいくつもあります。そのたびに子どもも支援者もピンと張りつめるような状態になります。そ

れは避けて通れないハードルでもあります。子どもは真実を知りたい反面，怖いという気持ちをもっている場合が多いでしょう。支援者がいくら配慮しても，リジリエンス（もとに戻る力）の弱い子どもはどうしても不安定になることが予想されます。子どもが心や体，さらに行動に問題を起こす場合や子どもは自覚していませんが，支援者から見てどうも不安定になっている場合もあります。こういった場合は，過去のトラウマや愛着形成不全などの影響によるものだと考えられます。子どもとよく話し合いながら中断を決め，閉じ方を検討するとよいでしょう。そして，しばらくして落ち着いてから，治療的な方法で再開する場合もありますが，再度アセスメントしフォローアップしながら，体制を整えて再開の機会を待つとよいでしょう。フォローアップする場合は，治療的な環境を用意し，子どものリジリエンスを高めるような働きかけが必要になります。しかし，どうしても再開が難しい場合もありますので，施設の心理士や児童相談所の児童心理司と連携をとりながら，子どもの心理治療や治療的ライフストーリーワークを検討してみてください。

(5) 実施する子どもの年齢と方法の違い

　ライフストーリーワークや真実告知については，いつ始めるべきなのかということが議論になることがよくあります。これに関して，楢原（2015）は「子どもの発達段階や法律の整合性を考慮すると，抽象的な思考や理解能力が発達し，結果を予測し，ある程度の自己決定が可能となる10歳や15歳は，事実を伝えるひとつの節目となる年齢である」と述べています。子どもはそれまで自己中心的に物事を捉えていたのが，10歳頃になると他者の視点で捉えるようになり，論理的に物事を考えることができるようになります。また15歳になると子どもの意見陳述は制度的に民法で保障されるようになり，家庭裁判所の承認を得れば自分の意思で養子縁組もできます。こういったことから，10歳や15歳は発達の節目とも考えられます。私たちの研究会でも，実際それができるかどうかは別として，真実告知は10歳までには行おうという考え方をもつ人が多くいます。また，8歳から12歳までには子どもに真実を伝えた方がよいという意見も多いよう

です。

　ここで，少し子どもの発達段階について見てみましょう（図 3-3）。よく自己満足とか自己紹介とかいいますが，自己とは一体どういうことを指すのでしょうか。よくいわれるのが，自我は見ている自分（I）で，自己は見られている自分（me）であるということです。この見られている自分とは，他人と比較して客観的に捉えられた自分のことと考えてみましょう。子どもは 2 歳頃から自分の名前や持ち物がわかるようになり，3 歳頃になると，「僕は上手に歯磨きができる」などと，今度は自分のことがわかるようになります（自己概念の形成）。この頃の家族の捉え方は，「僕とお母さん」とか「お母さんとお父さん」といった 1 対 1 の関係で捉え，「お母さんはお父さんの妻であり，友達にとってはおばちゃんである」という理解はま

	3 歳	5 歳	7 歳	10 歳	14 歳	18 歳
自己概念	自尊心の芽生え	集団内での役割に気づく		自己の対象化と自己評価の始まり	自己の抽象化と自己評価の活発化	自己像が明確化し，アイデンティティ確立に向かう
自己統制	自己調整力が発達し始め，わがままが言えるようになる	人の気持ちに合わせて欲求・衝動統制ができ始める		集団内で自分の役割を理解し，欲求・衝動を適切に統制できるようになる		法律や社会規範を理解し遵守するようになる
自己保存・受容	性同一性が目覚め始める			集団内で自分の役割を遂行し，自分の居場所を確保できるようになる	自分が生きていくために必要なことを考えるようになる	自己理解が進み，肯定的に自己受容できるようになる
情緒発達	嫉妬，感動，羞恥心など複雑な感情が表れ，自分の気持ちを言語的に表現できるようになる		なぜそういう気持ちになるか考えるようになる	自分の気持ちを知り，状況に合った言語的・非言語的表現ができるようになる		他者の気持ちや状況を配慮した上で自分の情緒統制ができるようになる

図 3-3　子どもの自己と情緒の発達段階（厚生労働省，2018 より作成）

だできません。4～5歳になると，「僕には友達がたくさんいる」とか「僕にはお兄ちゃんがいる」など，自分の周辺の人との関係を言い表すようになります。そして，5～6歳になると，「僕は体が小さい」とか「僕は痩せている」とかの体の特徴を述べることができるようになります。また5歳頃には，家族の役割が理解できるようになり，「お父さんのお母さんはおばあちゃん」などの複雑な家族関係もわかるようになっていきます。

　このように自分以外の人との交流によって，自分と他人の違いが段階的にわかってくるようになるのです。こういった過程を経て，自分を客観的に見ることができるようになり，やがて自分についての意識（自己）が形成されていきます。幼児期や小学校前期の子どもは，自己中心性が特徴であるため，行動における主人公意識が強い傾向があります。そのため，自分を肯定的に捉える様子がよく見られ，自己評価や自尊感情は高い傾向にあるといわれています。しかし，10歳頃になると，自分を否定的に見る傾向が目立ち始めます。それは，この頃から自分が他人からどのように見られているかが気になり始めるからです。この時期から，他人との比較（社会的比較）によって自己評価や自尊感情が決定されるので，自分のことを否定的に見るようになっていくのです。また，この時期には学力の個人差が大きくなり，授業についていけなくなる子どもが出てくる，いわゆる「9歳の壁」が問題になったり，学校行事として取り上げられているところもある「2分1成人式」が行われたりします。こういったことを考えると，10歳頃というのは子どもの発達の節目として，私たちがライフストーリーワークを行う目安となり得る年齢ではないでしょうか。

　そして，14歳頃になると自己評価が活性化し，周りに対して気を遣うことが多くなってきます。この頃より自分が生きていくために必要なことを考えるようになります。さらに，理想が高くなり，理想と現実のギャップが大きく，自己否定的な側面が目立つようになります。そして高校生になると自分の欠点を含めて，自分を受け入れることが課題になります。そのため，この時期は盛んに自分を認めてくれる人を見つけようと，友達や自分が所属できる集団を探すのです。このことがうまくいかず，それがいじめにつながる場合もあります。また，この頃から徐々に子どもの態度は，

大人の側に傾き始め，スマホの扱い方を親に教えるなど親の面倒を見よう
とする兆しが見え始めます。そして，18歳頃には自己理解が進み，肯定的
に自分を受け入れることができるようになり，他者の気持ちを配慮した上
で自分の情緒統制ができるようになるのです。

　次に年齢に合ったライフストーリーワークを行うために，子どもに真実
を話す時期ついて，テリング（本当のことを話すこと）の時期やそのあり
方を見てみましょう（Montusch, 2006／才村，2011）。

1）３歳～５歳

　この時期はごっこ遊びをしたりして空想するのが好きです。３歳～４歳
は頭の中で物語をつくったり置き換えたりします。４歳頃の子どもは赤
ちゃんがどこから来たのか，自分がどのようにして生まれたのか尋ねるこ
とがあります。実際，育ての親のお腹をさすりながら，「僕はここにいた
んだね」という言葉をきっかけに真実告知が始まることがあります。また，
それをもとに性教育を行うこともあります。この時期は絵本や積み木など
の視覚的な働きかけが有効です。乳児院では，子ども自身の物語を絵本に
して話しているところもあります。

2）５歳～７歳

　日本では６歳から学校に行き始め，この頃から思考能力が次第に広がる
時期です。嘘や本当，空想と現実を見分けられるようになります。大人の
態度をよく見ていて，そこから自分なりの考えをもつようになります。し
かし，告知がどこまで理解できるかわかりません。７歳に近づくとより深
く理解できるようになります。10歳前のこの時期に話しておくと，その後
の深刻な話がスムーズに受け入れられるよい機会となります。

3）８歳～11歳

　この時期は思春期に入る前の段階です。この時期に思春期に入る前触れ
として問題行動を起こす子どももいます。子どもの脳も身体もかなり発達
しますが，個人差が大きくなります。告知の内容をより深く理解できます
が，他の子どもとの違いを気にし始めますから，告知を行う前にその方法
や場所，時間，告知後のフォローなどの準備が必要になります。台本をつ
くることも必要になるかもしれません。特別に時間をつくって，急に「大

事な話があるから」とか言って真実を話すとかえって，子どもにショック
を与えてしまうことがあります。8 歳〜9 歳の時期は同性同年齢の子ども
と行動し，とても素直な時期です。10 歳〜11 歳は自分だけの空間を求め，
反論したりして口答えをするようになります。他の子どもとの違いを気に
し，それを隠したがる傾向をもっています。この違いを気にする傾向は，
特に男子に多いようです。

4）12 歳〜17 歳

　この時期は思春期ですから，大人と子どもの心性が行ったり来たりし，
態度や反応がちぐはぐです。反抗，孤立，無口，拒否，怒りなどの感情が
普段の生活でも大人を困らせます。告知は子どもによっては複雑な感情を
与え，場合によっては，さまざまな問題行動や情緒的反応を起こします。
告知の前の綿密な準備が特に必要な時期です。事前に告知後の反応を予測
し，対策を考えておく必要があります。告知後に表面的には何も反応を現
わさない子どももいますが，ショック，怒り，不信などの感情を表す子ど
ももいます。いずれにしろ，告知後の数日，数週間，そして数か月は，子
どもの心に何かしらの波紋が起きていると考えた方がよいでしょう。

5）18 歳以上

　これまでの支援の取り組みが告知に関係しますが，大人の側に立った考
えもわかり告知の意味がかなり深まります。しかし，本当に親の側に立て
るようになるのは，社会人になってからです。大人になっても人には発達
段階があり，さらに生活環境も影響して個人差も大きくなります。もし秘
密にしていることがある場合に子どもに影響を与えるのは，秘密にされて
きたことで子どもが感じる不信感やあらぬ考えをもって自己否定的になっ
てしまうことです。「なぜ今まで言わなかったの」と問われた場合は，言
い訳ではなく，本当の理由の説明が必要になります。

　これらの発達は 1 つの目安であって，これに従って杓子定規に詳細な情
報を子どもに伝える必要はありません。子どもが心から家族のことを知り
たいと言ったら，その時点で子どもの声に耳を傾け，その子どもにふさわ
しい方法で子どもの真実を提示してあげることが，子どもの信頼感や安心
感を護ることになるのです。だからといって，できない約束をする必要は

ありません。子どもに支援者側の事情を説明することもお互いの関係を維持するために必要になります。要するに子どもが，自分の気持ちを受け止めてもらえた，という感覚をもつことが重要なのです。

　ライフストーリーワークを行うにあたっては，子どもが自分や他人，そして家族をその年齢でどう理解しているのか，どこまでわかっているのかが重要なカギとなり，支援者はそのことをチームで話し合い，それを念頭において実施します。一般的には子どもの年齢に合わせてわかりやすい身近な家族の話や子どもとの今の関係から始め，子どもが知らなかった家族関係へと進み，深い理解が必要な真実についての告知は思春期以降となります。子どもの発達年齢とともに深刻な話へと段階を追って進めていく方が，ライフストーリーワークはより自然に行われます。したがって，できるだけ早い時期に始め，徐々に真実を組み込んでいくと，年齢が進むにつれて，子どもの理解が広く深くなり，子どもの自己物語が豊かになるでしょう。

3. ライフストーリーワークの理論や方法

(1) ライフストーリーワークの定義と必要性

　児童養護施設の職員から「ライフストーリーワークを行いたいけど，どうすればよいですか」という質問を受けることがあります。そういった方に話を聞くと，一通りライフストーリーワークの本を読んで勉強もされていますが，ライフストーリーワークをセッション型できちんとやろうと思っている場合が多いようです。ライフストーリーワークはセッション型にこだわることなく，今できることからやってみることをお勧めします（図3-4参照）。先に述べたように子どもには「意見を述べる権利」や「知る権利」が保障されていますから，自信をもって子どもの話に耳を傾け，子どもと話し合いながら，自分ができる範囲で子どもの疑問に答えることが大切です。そういった積み重ねもライフストーリーワークを行うことにあたります。それは子どもが施設や里親の家庭で暮らすこと自体が，子どもにとってのライフストーリーの一部を構成しているからです。先に紹介

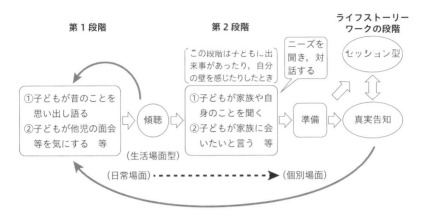

第1段階

第2段階

ライフストーリー
ワークの段階

```
┌─────────────────┐         ┌─────────────────────┐  ┌──────┐  ┌──────┐
│①子どもが昔のことを │  ┌──┐  │ ①子どもが家族や自   │  │ニーズを│  │セッション型│
│  思い出し語る     │  │傾聴│  │   身のことを聞く    │  │聞き,対│  └──────┘
│②子どもが他児の面会 │  └──┘  │ ②子どもが家族に会   │  │話する │
│  等を気にする  等 │         │   いたいと言う  等  │  └──────┘
└─────────────────┘         └─────────────────────┘
```

「この段階は子どもに出来事があったり,自分の壁を感じたりしたとき

(生活場面型)

準備 → 真実告知

(日常場面) ┈┈┈┈┈▶ (個別場面)

図 3-4　ライフストーリーワークの流れ（日常場面から個別場面へ）

注）家族について何も語らない子どももいるし，間接的にメッセージを出す子どももいます。

しましたように，ライフストーリーワークには，子どもが知らない真実を伝えるだけのものや日常場面で家族のことや自分の過去を養育者と語る「生活場面型」，そして目標を設定し計画的に行う「セッション型」があります。また，心理療法をライフストーリーワークの前に行うもの，あるいは心理療法と並行して行う「治療的ライフストーリーワーク」があります。

　それではライフストーリーワークとは一体どういうものを指すのでしょうか。日本での定義はまだ曖昧ではっきりしていません。その背景について楢原（2015）が述べている4点を，要約してあげてみます。

①ライフストーリーワークのようなものは対人援助に関わる基本的な要素の中に存在しているもので，似かよった実践は社会的養護を含めてこれまでさまざまな領域で広く行われてきた。

②ライフストーリーワークには決まった形式やプログラムはなく，子ども一人ひとりに応じた多様な展開が求められる。

③従来のライフストーリーワークはソーシャルワーカーが行う継続的な面接の体系を指すものであったが，虐待を受けた子どもが多くなり，

養育者と子どもの関係性や心理治療といった視点が重視されるように
なった。

④イギリスでは法的位置づけが明確であり，専門職の養成や役割分担が
進んでいるが，日本では実践が始まったばかりであり，児童相談所や
児童福祉施設の人材育成や人員配置等に課題を抱えている。

　このような背景があり，日本での取り組みは制度化されていませんから，
さまざまな文献や研究会発表をモデルにしながら，支援者各自あるいは各
施設で工夫しながら実施していかざるを得ません。わかっていることは，
子どもも支援者も知らないことをお互いに探しながら，両者が知り得る情
報を増やすことによって，子どもの内面を豊かにしていくことではないで
しょうか。先にも述べましたが，日本での取り組みは各地の研究会や全国
の実践研究交流会などによって確実に進歩し，展開しています。これらは，
そういったことに情熱を傾けてこられた先生方の功績でもあります。

　ライフストーリーワークの定義が曖昧で，どう取り組むべきかが明確で
はないのに，なぜ日本の社会的養護に関わる人たちがライフストーリー
ワークに関心を抱くようになったのでしょうか。それは子どもの自立支援
計画にあると思われます。ご存じのとおり，国が示した自立支援計画票に
は子ども本人，家庭（養育者・家族），地域（保育所・学校等）の目標（短
期・長期）や課題，支援内容や方法を記載するようになっています。しか
し，この内容を詳しくすればするほど日常業務は圧迫され，子どもの本質
的な自立支援の道筋が見えなくなってしまうのです。

　そういった中で，子どもの「意見表明権」や「知る権利」などの子ども
の権利が叫ばれるようになり，その一方ではパーマネンシー感覚という子
どもの永続的な生活の保障が重視されるようになりました。社会的養護に
関わる人たちにとっては子どもの自立支援は大きな課題で，むしろそのた
めに働いているといっても過言ではありません。

　こういった流れから考えても，子どもの権利保障やパーマネンシー感覚
を育てるためには，たとえその定義が曖昧であっても，ライフストーリー
ワークは子どもの自立支援に必要であると感じざるを得ません。それは，

ライフストーリーワークが子どもを中心にして，支援者や家族をつなぎ，子どもが社会的養護の時期を終えてからも有効に働くと考えられるからです。多くの支援者はライフストーリーワークを行うことによって，真実を知るつらさとともに，子どもや家族と一緒に泣いたり笑ったりすることができることを知っています。そういった絆が社会的養護下の子どもには必要であることもわかっているはずです。

(2) ライフストーリーワークの方法

　先に述べたように，ライフストーリーワークをどのように進めていくかについては，まだはっきりした定義や決まりきった方法は日本ではないと思いますが，その意義や考え方，そして何をするのかということはだいたいわかってきています。意義や考え方については，先に述べていますので，ここでは方法について考えてみます。方法については，「生活場面型」「セッション型」「治療的ライフストーリーワーク」があります。この他にも第6章の事例にあるような方法やライフストーリーワークに向けての関わりなども行われています（図3-5）。
　「生活場面型」は，子どもと接する機会に子どもが家族の話や自分のこ

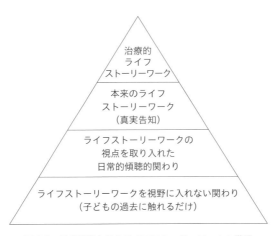

図3-5　日常的関わりとライフストーリーワークの階層
（才村・大阪ライフストーリーワーク研究会，2016より作成）

とを話したりすることで，子どもが支援者に話しやすくなったり，「セッション型」へつなぎやすくなったりすることで，つらい過去を語る準備段階としての機能が高いと思われます。実際，児童養護施設で行われている誕生会などの行事で，写真を撮りそれをアルバムにすることも，このタイプのライフストーリーワークと考えられます。この段階で気をつけるのは，子どもが話す内容の意味についてです。例えば，父親が行方不明の子どもが「お父さんはどこにいるの？」と聞いた場合，お父さんの情報がほしいのか，お父さんの話をしたいのか，お父さんに会いたいのか，お父さんは元気にしているのか，などさまざまな解釈が必要になります。これらの解釈については，その場で対処できるものとそうでないものがあります。単に話のやりとりだけですませることができないと判断するかどうかは支援者の判断にゆだねられます。そういった話が最近頻繁に行われていれば，支援者は子どもがそういった情報をほしがっているのではないかと判断するでしょう。しかし，そのときだけの話であれば，支援者は「そうねー，どうしているんだろうね」と返すでしょう。また，子どもが思春期にさしかかってきている場合には，もうそろそろ「セッション型」でのライフストーリーワークを考えた方がよいのではないかと思うでしょう。「生活場面型」では支援者が子どもの置かれている状況をどう捉えるかで，子どもの自己物語は変わっていくのです。人の考え方は人とのやりとりでつくられることが多いので，どれを選択し，どういう方向に向かうのかの正しい答えはありません。支援者はそのとき感じたことを子どもに返し，子どもとのやりとりの中で，子どもと子ども自身の物語をつくっていくしかないのです。ここで私たちの研究会で行われているライフストーリーワークの方法を2つ紹介します。

1）子どものニーズに寄り添う方法

　この方法は子どものニーズに合わせて，子どもが知りたい真実を一緒に探しながらライフストーリーワークを進めるものです。しかし，ニーズを出せる子どもはよいのですが，そうでない子どももいます。そういった子どもについてのアプローチについてもお話しします。

　小学生の頃には，子どもはどうしても自分の家族に会いたいとか，家族

のことを知りたいとかを訴えるものです。しかし，思春期になると，そういったことを切り出せない複雑な思いを抱いて，それが葛藤となって問題行動へと発展していくことがあります。こういった場合には，その根底に家族への思いが解決されないまま，現実の生活がむなしくなっていて，支援者の指示に従えないこともあります。子どもが問題行動を起こすと支援者は，それに対処しようとあらゆる方法を考えます。しかし，子どもの問題行動の裏にはおおむね家族関係の問題や家族との葛藤が潜んでいます。最終的には子ども自身がその問題をどう受け止めるかになるのですが，それを解決するには支援者の力が必要です。子どもの問題行動は，こういった家族のことに関した心理的解決の道筋をたどることによって改善していきます。その解決の方法としては対話が重要になります。一般的には，「なぜ，そんなことをしたの」とか「なぜ，黙っているの」とか聞いて，子どもに問題行動の意味を理解させようとします。しかし，出てくる答えは「うるせぇー」とか「しつこいし……」みたいな答えになってしまいます。こういった場合には質問を変えることが大切です。「いろいろとたいへんなことがあるみたいだね」とか，「解決できないかもしれないけど，ちょっと先生に話してみない？　少しは心が軽くなるかも」などといった言葉をかけると話しやすくなります。

　社会的養護下の子どもは，自分と家族との心理的距離がはっきりしないので，自分の現在の位置から家族がどこにいるのかを確かめようとします。そういったことを言葉にできるようにしてあげることはとても重要です。その場合，感情のワーク（才村ら，2016）などで感情の整理をしながら，心に届くような質問をするとよいでしょう。例えば，「もし，自分の気持ちが落ち着いたら，どんなことをしてみたい」とか「あなたの悩みを色と形で表現したらどんな絵になると思う。描いてみようか」などといったことで，これまで子どもが語らなかったようなことを表現させると，より子どもの悩みは明らかになり，家族のことを「語り」やすくなります。この「語り」はこれまで子どもが語ってこなかったことを，支援者との関係性の中で話すことが重要です。そのためには支援者は，子どもと大人という関係から脱却し，1人の人間として，へりくだって子どもに教えてもらう

という態度をとり続けることが求められます。そうする理由は，知識や経験を多くもっている大人である支援者が，知識や経験の少ない子どもの上位にいるということが，子どもの「語り」を阻止している可能性があるからです。子どもの前で支援者がいかに正直であり，人間と人間の対話を行えるかがポイントになります。こういった方法で子どもと対話すれば，これまで語られなかった子どものニーズを引き出すことができます。

　さらにこのスタンスを常にもちながら，子どものニーズを拾って，そのニーズに応えながらライフストーリーワークを進めます。もちろんチームで子どもを支えていけるようにも配慮します。そしてあるときは思い出の場所に一緒に出かけたり，施設入所の意義を伝えたり，実親の真実に触れたりしていきます。この場合，日常の生活での子どもの存在意義を伝えたり，日常会話の中で気持ちを共有したり，一緒にどこかに出かけたりなどして，現在の生活を強化し，子どもが不安定にならないように気をつけます。この方法では子どものニーズがあちこちに飛んだりすることがありますから，その都度チームで話し合いながら，子どものストーリーがつながるように，子どもに確認したり語りかけながら進めていきます。また，子どもに表現力がなかったり，不安をもちやすかったりする場合は，事前にソーシャルスキルトレーニング（social skill training: SST）を行ったり，リハーサルを行う場合もあります。子どもに寄り添うためには，子どものニーズの意味を理解し，子どもが真実を知ることにどうやったら耐えられるかを，その都度見立てる（アセスメント）必要があります。また社会的養護下の子ども，特に虐待を受けている子どもの場合は，「自分が悪いから」と受け止めていることが多いので，「あなたは悪くない」というメッセージをその都度伝えることも重要な作業となります。こうやって子どものニーズを拾い，真実を知るリスクを排除しながら，子どもとライフストーリーワークをコラボレイト（協働）する試みです。詳しくは第6章3.児童養護施設の事例①をご覧ください。

2) 真実告知に特化した方法

　子どもにもう真実を伝えた方がよいだろうと思われる場合を考えてみましょう。この方法は里親が行う場合が多く，真実告知だけに特化した方法

です。ご存じのとおり，真実告知はライフストーリーワークの中に組み込まれたものですが，子どもにどうしても真実を知らせておいた方がよいと思うときがあります。例えば，子どもが家族のことを知りたいと何度も訴えてきたとき，子どもの年齢が思春期にさしかかる前，さらに施設を退所する前などです。そういった場合は，チームを組んで子どもに誰が，どうやって，何を話すか，を決める必要があります。もちろん，その前に信頼関係をつくっておくことや，シナリオを考えたり，伝えた後のフォローを誰がどのように行うかも綿密に話し合ったりしておく必要があります。施設を退所する前の場合は，できるだけ早くとりかかる必要があります。それは真実を告げた後の退所までの時間が短ければ，その後の対策がとりづらいからです。施設を出る直前に親の真実を聞かされて混乱し，アクティングアウトした子どももいます。支援者としては，真実を知らせてあげたいと思ってやったことが，子どもに悪い影響を与えてしまうことだってあります。特に子どもにとってそれを知ることがつらい真実であればあるほど時間をかけて伝えていくことが重要です。この真実告知に特化した方法は，その真実だけを取り扱うものではありません。その真実にまつわることは，たくさんありますから，その周辺のことから始めていくことです。例えば，子どもが「お母さんに会いたい」と何度も言ってきた場合，「先生が調べてみるから待ってて」とか「児童相談所の先生に聞いてみるね」とかを子どもに話して，チームでそのことをどうするかを話し合います。その子どもに真実を話す時期が来ていると判断した場合は，支援者は児童相談所の承認を受け，家族の情報を調べます。調べた結果わからないことも多くありますから，それはそのまま子どもに伝えます。調べてみると支援者も知らない情報が出てくることもあります。そんなときは，真実を伝える前に，子どもに家族のことを聞いたりしながら，子どもの家族像の整理やこちらが調べた，あまり差しさわりのない情報を少しずつ教えることから始めます。調べているうちに父親が反社会的勢力組織に入っているなどの意外な事実に惑わされることもあります。その事実をそのまま伝えるかどうかについては，子どもにとって最善の方法をチームで話し合いますが，基本的には真実を伝えることを念頭においた方がよいでしょう。問題は話

し方やその後の子どもの反応をどうフォローするかということです。子どもに話す前にチームで，話す内容のシナリオをつくり，子どもの反応の予測をいくつも立て，その予測へのフォロー策を考えておくとよいでしょう。真実を知った後，1人になりたくなることもあるので，そのための部屋を用意しておくことも対策の1つになります。ここで大切なことは，子どもに伝える真実を支援者がどのように考え，それをどのような言葉や方法で伝え，しかもそのフォローを確実に行うかということです。私たちの研究会では，子どもと一緒に親に会いに行ったり，真実を伝えた後，支援者が子どもを自宅に連れて帰り，しばらくそこで過ごさせたりした事例も報告されています。真実告知は非常にデリケートな部分だけを扱うので，慎重にしかも綿密に準備して行う必要があります。実際の方法は第6章4. 児童養護施設の事例②をご覧ください。

4. ライフストーリーワークのリスクやハードルに関する考え方

ライフストーリーワークを行おうとするときに，以下のようなことがあって，支援者も戸惑うという報告があります。

①ライフストーリーワークを行おうと思っても知識も経験もない。
②実施したら子どもが精神的に不安定になるのではないだろうか。
③実施する年齢をいつにすればよいのだろうか。
④実施する場合，施設長も含め職員全体の合意がとれるだろうか。
⑤親の承諾が得られないのではないだろうか（親の無理解，親が行方不明）。
⑥子どものニーズがうまく把握できない（引き出せない）のではないだろうか。
⑦いつ始め，いつ終わるかの判断がわかりにくい。
⑧指導をしてくれる人（スーパーバイザー）がいない。
⑨生活指導に追われ，ライフストーリーワークをする時間がとれない。

この中のいくつかついてはすでに説明していますので，ここでは②と④・⑨について解説します。⑧のスーパーバイザーについては，日本の場合，まだライフストーリーワークの仕組みが確立されていませんので，どこも同じような状況にあると思われます。

(1) ライフストーリーワークを行うことで子どもが不安定になることについて

　虐待環境で育った子どもは，解離，フラッシュバック，過覚醒などのトラウマ反応や愛着形成ができず，信頼関係づくりが難しかったり，感情を調整することができなかったりします。また，トラウマは心の中でつながっていて，どこかを刺激すると，再燃することがあるのです。おそらくこういったことを心配されている方が多いのではないでしょうか。確かに，以前の虐待の場面を思い出すような言葉や状況などの刺激によって，施設内でもフラッシュバックを起こし，退行現象を起こしてしまう子どももいます。こういったことが日常的に起こっている場合や，児童相談所の心理判定書や施設心理士の所見で，トラウマチェック（臨床域）ができている場合は，心理治療を優先させるべきでしょう。実際ライフストーリーワークを行う前に，児童相談所の児童心理司が怒りのコントロールを行ってから，実施したケースもあります（第6章5．里親の事例参照）。

　思い出の場所を訪れることには，子どもの物語をつくりやすい働きがあります。それはそこが体験を想起する場所でもあるからです。しかし，場合によっては，そこが過去のトラウマ体験を誘発してしまう恐れもあります。支援者はそのことも心に留めておきながら，つらい思い出とともに楽しかった思い出や，子どもが気づいていないような，つらくてもそこで耐えたという子どものリソースを伝えてあげることも必要ですし，そういった体験が支援者との結びつきへと導いてくれたことについての肯定感を示してやること（リフレーミング）も大切です。さらに，つらい場所であるなら，悲しみを子どもと共有し，その帰りに子どもが好きなところに連れて行ったり，子どもが好きな食べ物を食べたりするのもよいでしょう。それ自体が子どもを困難に立ち向かわせるような有益なリソースとなるので

す。また，もしつらい出来事を思い出したようであれば，深くゆっくり呼吸させて，その周りの物の名前を言わせ，現実に戻すことも有効です。

　この他にも子どもを不安定にする要因があります。度重なる別離などの喪失体験，思春期という時期，親の犯罪や自殺，家族の死，遺棄，性的暴行による出生などの深刻な真実を知ったとき，わからなかった真実への失望感などがあげられます。ここにあげたものについては，これまで述べたとおり，リスクの少ないところから始める，生活場面型から探っていく，事前にしっかりアセスメントを行う，支援者との信頼関係をつくっておく，現在から過去へ，そして現在へ戻りそれから未来へとつなぐ。このようにライフストーリーワークを行う前の準備や順序，方法などによってリスクはカバーすることができます。

　また，思春期に始める場合は，思春期自体が不安定になりやすい特徴をもっていますから，子どもを肯定的に受け入れ，実施中に多くの賞賛を与えるなど，自尊感情を高めながら行った方がよいでしょう。賞賛を与える場合は，成果を褒めるよりも，子どものリソースを褒める方が効果的だと思われます。例えば「あなたは困難を乗り越える勇気がありますね」とか，「どうやってあなたはその優しさを覚えたの」という言い方がよいでしょう。このような言葉を伝えると，子どもは具体的に自分の成功体験を思い出し，自分の中にある勇気や優しさというリソースを感じることができるようになります。そして，そのリソースは今後の人生においても，いつでも使えるものとなります。さらにこの賞賛は子どもを承認することにもつながり，モチベーションを高める効果も期待できます。

(2) 施設内の合意と実施する時間について

　実際に施設でライフストーリーワークを行うのには時間と労力が必要です。そういうことがあって他の職員との協力関係をつくることが難しかったり，施設長の理解が得られなかったりすることもしばしばです。しかし，現在も施設でライフストーリーワークを行っている人たちが恵まれた環境でライフストーリーワークを行ってきたわけではありません。前述したようにもともと子どもには，意見を述べる権利や家族のことや自分の生い立

ちを知る権利がありますから，子どもの側に立てば当然ライフストーリーワークは子どもの自立支援には欠かせないものです。そういったことは，多くの施設職員や管理者は知っているはずですが，問題はコストがかかるということでしょう。しかし，「新しい社会的養育ビジョン」にも示されたとおり，これからの施設養育においては，小規模化により，より細やかな支援を行うことが求められてきています。子どもの言動の1つひとつを丁寧に取り上げ，その子どもに合った支援策を講じることはとても大切です。そのためには，ライフストーリーワークの体制づくり，職員への啓発は必要です。しかし，仲間がいないときは自分の中で無力感を感じることもあるかもしれません。私たちの研究会でも，いつ行えばよいのか，どうやって施設の他の職員に協力してもらえばよいのかを聞かれることがよくあります。実際ライフストーリーワークを行っている人たちに聞くと，「それは自分のできる時間に，できることをコツコツとやっていくしかありません」という答えが返ってきます。また「誰かがやっていれば組織は変わるし，時間のかけ方もそちらの方に向いてくる。将来子どもにとって何が大切かを考えればわかるでしょう」とも言われます。確かに，パーマネンシーを見据えた考え方としては，そう考えるのが妥当だと思われます。多くの業務の中で時間を割いて実施している方には，夜のくつろいだ時間に他の子どもの同意を得ながら，その子どもと家族のことを話しながら「生活場面型」のライフストーリーワークを行っている方もいます。そうやって，少しずつ施設内でライフストーリーワークに関心をもつ仲間を増やしながら，子どもの権利を護ってやることを考えるとよいでしょう。施設の誰かができるところから実施すれば，施設内で職員間に理解されていきます。要は子どもとどう向き合うかや，子どもの将来を保障しようとする考え方の問題ではないでしょうか。

第 4 章

ライフストーリー
ワークの方法論

1. ライフストーリーワークの必要性

　これまで述べてきたことから，ライフストーリーワークとは，「家庭から離れて暮らす子どもたちに，状況と年齢に応じて丁寧な説明とワークなどを用い，自身の人生で起こった出来事を最終的に自ら理解し，それを受容できるようにするための支援と，その過程」と表現できます。それらをもとに考えるならば，ケースに応じて実施が必要か不必要かの二択になるのではなく，すべてのケースに例外なく「必要」であるといえます。実施の必要性について「必要」を前提とした上で，「いつ（開始の時期），誰が（実施者），何を（ケースの情報），どのような方法（実施の方法）で，どこまで（達成の度合いや時期）行うのか」を検討することが大切です。

2. あるケースについて

　高校３年生の女子生徒Ａさんは，４歳から児童養護施設に入所しています。入所の主訴は身体的虐待とネグレクトです。「家に帰れないことについて知りたい」との話から，セッション型のワークを実施することとなりました。実施者はＡさんの担当職員です。Ａさんの担当職員になって２年目であり，施設職員としては，７年目になります。月に２回，セッション型のワークを実施していきました。

　実施から４か月が経過した頃から，Ａさん自身の生活に少しずつ変化が現れてきました。他の子どもや職員に対して威圧的な言動が見られ，ささいなことで感情的になり，殴る，蹴るなどの暴力が見られるようになりました。また，学校への行き渋りが増え，登校できない日が多くなりました。その反面，担当職員に過度に甘えてくるなど，不安定な状態となっていきました。

　実施の担当職員と心理士，児童相談所の児童福祉司を含めて，繰り返し話し合いを行った結果，「本人が落ち着かなくなってきているのは，過去のトラウマに触れたことによる，退行と行動化」と結論づけ，「本人の行

動を受け止めて，寄り添う姿勢を一貫していく」という方針になりました。

　日常生活の中で丁寧に寄り添い一貫して受け止める関わりを行いながら，月に2回のセッション型のワークを継続していくことを続けていきました。しかし，Aさんの行動はおさまらず，日を増すごとにひどくなっていきました。連鎖するように他の子どもたちも一緒に落ち着かなくなっていき，次第に担当職員は精神的に追いつめられるようになっていきました。あるとき，Aさんは他の子に感情的になって殴りかかり，そこに止めに入った担当職員に対して大きな声を荒げて「お前は関係ないだろ！」と言いました。それに対して，担当職員は「いい加減にしなさい！」と言いながら感情的に激しく注意をしてしまいました。

3. ライフストーリーワークの実施の前に日常生活の支援の見直しを図る

　社会的養護の現場では子どもと密接に関わっていくことになります。子どもと向き合い支援に力を入れようと思えば思うほど，どうにかしてあげたいという感情が自然と沸き起こります。その一方で一生懸命に関わっても思うように成果が出なければ，その反動として負の感情が込み上げ，支援者の内に蓄積されていきます。その蓄積された負の感情は，突如として外に溢れ出すことが起こります。

　前にも述べたことですが，ここで考えていきたいことは，その溢れてきた感情を子どもやケースにぶつけてしまうことは，今までの関係性を一瞬で吹き飛ばしてしまうことになるということです。今まで生きてきた中において，刻々と変化する環境や，大人の予測できないさまざまな感情の起伏にさらされてきた子どもたちは，非常に脆く繊細です。特に思春期に入ってくると，自分たちが，社会や家族，家庭，今生きている世界から孤立している感覚に陥り，慢性的な孤独感や不安を内に強く募らせる傾向があります。この状況を誰かと考え，話し合う機会がなければ不安は増大し，子ども自身の心では抱えきれないほどになります。それらを踏まえた上で，子どもが生活の中で表出してくる行動に対して，具体的な対応方法を習得

しておく必然性は強いといえます。子どもたちの激しい感情の起伏や表出されるさまざまな行動に対しては，適度な距離感を保持し，一貫した関わりを続けていくことが求められます。また，その対応を個人レベルと組織レベルで行うための体制構築も必要となります。施設であれば，施設を中心とした関係者でのチームが考えられますし，施設以外であれば，生活をともにする人を中心としてケースに携わるさまざまな機関でチームが構成できます。大切なのは，専門職として「知識」と「技術」を深めていくことと，それを組織やチームの中で共有していくことです。これらが存在しない状態では，生活の支援も，その支援の延長であるライフストーリーワークも成立することはないでしょう。

4．過去について

「過去」という言葉は広義の意味で用いられていますが，一般的に用いられる表現としては，時間的な意味合いで用いられることが多いと思います。時間的な「過去」で考えてみると，現在のこの瞬間に時が流れており，1秒前も「過去」にあたります。そのような意味では「現在」と「過去」の区切りのイメージはやや曖昧な印象となります。社会的養護下の子どもたちは自身の「過去」について肯定的なイメージをもっていることはあまり多くはありません。社会的養護下の子どもたちにとって「過去」のイメージは，毎日が幸せで他者から受け入れてもらえていた安全で安心な世界であるといっ概念とは少しかけ離れたもので，自身の力や意思が反映されない複雑な感情を帯びた「モノクロの世界」のようなものになるのではないでしょうか。ライフストーリーワークでは，子どもの「過去」に注目を置きます。それは子ども自身がどのような世界で生活をし，どのように自分を取り巻く世界を生きてきたのかを，子どもから語られるもの，そして情報を収集する過程で得られたものから主観的，客観的に捉えていく作業から始まり，子どもと一緒に対話を通して子ども自身がイメージを体験することです。子ども自身に「語り」の準備段階ができていない状態において，誘導的に語りを引き出して表面的に綴ることを，ワークの成功と捉えるの

は，子どもの過去と現在の世界観を侵略する行為なので注意が必要です。ライフストーリーワークは「告知」を一方的に行うことでも，ライフストーリーブックを作成していくだけの作業でもありません。現在から過去，そして現在，未来へとその時々によって子どもとともに「子どもが生きた世界と時代をともに旅をする」ということになります。モノクロであった自分の人生の「物語」にさまざまな色彩を備えたツールを用いて，子ども自身がその「物語」を色彩豊かに「色づけ」していくことが大切です。ここからは，「過去をたどる」ことをテーマにさまざまな視点で「過去を巡る旅」について考えていきたいと思います。

5. 社会的養護下の子どもたちの時間の感覚

　V・E・フランクルは，漠然とした不安が非常に強く，現在進行している世界がいつまで続くのかが自身でも見当がつかない中で現在を見失っている状態や，将来の展望がもてない状況下では，時間の感覚が個人的，内的な世界の中で一般とは違った形に変容し，認識されることを「内的時間」と表現しています。また，その「内的時間」について「1日は1週間よりも長く感じる」と述べています（Frankl, 1946）。社会的養護下の子どもたちの多くは，家庭から離れて暮らす理由についての理解と受容ができていない状態です。もしかしたら，子どもたちにとって，代替家庭で生活をしている「今」の時間間隔は，私たちが普段感じている感覚とは遥かにかけ離れた時間の感覚を抱いている可能性があります。そのような場合，入所して1年経ったケースでは，子どもは10年以上の時を過ごしている感覚を抱えながら，もとの生活に戻る，あるいは別の生活に移ることを密かに渇望し，現在の生活に対して何かしらの違和感を感じているかもしれません。

6. 「旅立ち」のきっかけ

　過去を巡る「旅」へ向かうきっかけの「形」はさまざまなものがありま

す。今までにも述べたように多くの「形」は，子どもたちからのメッセージで発信され，それを受信した後に，葛藤や不安の過程を経て，養育者あるいはケースに関わる人の「決意」に至り，動き出すことになります。まずは，子どもたちからの「語り」を考えてみたいと思います。栖原（2015）は，子どもがふと自分のことを語り始める局面について，「通常，生活から離れた面接のなかでされると思われがちだが，施設の養育においてはむしろ普段のさりげない場面で本質的な事象が語られる」と述べています。日常の生活の営みの中で家族の思いなどを語った際に，その「語り」を見逃さないことが重要ですが，支援者は瞬間的に判断をしてその内容に応じることになるため，語られた内容の意味や含まれている思いを深く捉えられるような知識とセンスを磨いておく必要があります。

　普段のさりげない場面とは，食事のときや，入浴のとき，就寝前などで，「語り」はいつでも起こる可能性が高いといえます。例えば，「俺のお母さんってどこにいるの？」このような言葉を語りかけられた場合には返答に戸惑い，咄嗟にさまざまな反応をしてしまいます。具体的な例としては，返答に躊躇し無言になる・聞き流す・事実でないことを伝える・ごまかす・他の人に振るなどの対応をしてしまう場合が考えられます。これは，後で振り返れば「きちんと答えてあげればよかった……」「どうしてあんなことを言ってしまったのだろう……」と冷静に考えることができますが，普段の関わりの中でそのような問いが出ることを想定していなければ丁寧に対応することは難しいです。社会的養護下の子どもたちは自分の家族のことや自分に起きたことをネガティブに捉え，歪曲した「物語」を自分の中でつくり上げていきます。その「物語」は，理由がわからないまま家庭から離れて暮らすことについて，その理解と納得を促すポジティブな働きとして，現在の生活を支えるための「物語」となり，時にはネガティブなイメージを想起させる「物語」となります。その狭間で子どもたちは，「本当はどうしてなのだろう……」という思いが次第に強くなっていきます。

　「気になったことは尋ねればよい」という大人もいます。しかし，それは子どもたちからするとかなりハードルが高いものです。前に述べたように，漠然とした不安に押しつぶされないように，自分自身の中で，さまざまな

郵便はがき

6 0 3 - 8 7 8 9

028

京都市北区紫野

十二坊町十二―八

北大路書房

編集部　行

（今後出版してほしい本などのご意見がありましたら，ご記入下さい。）

《愛読者カード》

書　名	

購入日　　　年　　月　　日

おところ（〒　　　－　　　）

（tel　　　－　　　－　　　）

お名前（フリガナ）

男・女　　　歳

あなたのご職業は?　○印をおつけ下さい

(ｱ)会社員　(ｲ)公務員　(ｳ)教員　(ｴ)主婦　(ｵ)学生　(ｶ)研究者　(ｷ)その他

お買い上げ書店名　都道府県名(　　　　)

書店

本書をお知りになったのは?　○印をおつけ下さい

(ｱ)新聞・雑誌名(　　　　　　　)　(ｲ)書店　(ｳ)人から聞いて
(ｴ)献本されて　(ｵ)図書目録　(ｶ)DM　(ｷ)当社 HP　(ｸ)インターネット
(ｹ)これから出る本　(ｺ)書店から紹介　(ｻ)他の本を読んで　(ｼ)その他

本書をご購入いただいた理由は?　○印をおつけ下さい

(ｱ)教材　(ｲ)研究用　(ｳ)テーマに関心　(ｴ)著者に関心
(ｵ)タイトルが良かった　(ｶ)装丁が良かった　(ｷ)書評を見て
(ｸ)広告を見て　(ｹ)その他

本書についてのご意見（表面もご利用下さい）

このカードは今後の出版の参考にさせていただきます。ご記入いただいたご意見は
無記名で新聞・ホームページ上で掲載させていただく場合がございます。
お送りいただいた方には当社の出版案内をお送りいたします。

※ご記入いただいた個人情報は、当社が取り扱う商品のご案内、サービス等のご案内および社内資料の
作成にのみ利用させていただきます。

情報をもとに「物語」を築き上げて自分を保っていることがあります。そのようなときには、「事実」を聞くことにより今までの世界観を崩壊させてしまう不安や、想定を超えた得体のしれないものが出てくる不安など、複雑な思いを抱えているかもしれません。そのような中で、子どもが本質的な問いを投げかける行為自体に、とてつもない勇気が存在しているでしょう。その子どもの勇気を考えると、丁寧に向き合い応えることは子どもの勇気に対しての当然の代価となります。

　それでは、その代価をどのように担保するのかを考えていきたいと思います。ここでは普段の子どもたちと関わる際の姿勢がどのようなものかが問われています。それは知識、技術とともに、重要なその人自身の「価値観」に値するものです。先ほどの問いに対してどのように応えていくかを普段から想定しておくことも1つの方法です。問いを投げかけた後の子どもは全神経を集中させて、大人の反応を伺っているものです。「そんなの私に聞かないでよ」「あー、他の先生（心理職など）に聞いてみたら？」「さぁ、どうしてだろうね」「えーっと、仕事が忙しいのかもしれないね」「そんなこと気にしない方がいいよ、自分のことだけ考えてればいいよ」「病気で入院しているからだよ」と答えたら、子どもはどう感じるでしょうか？　恐らくは真剣に向き合ってくれているというよりは、「あっ、逃げた」と感じるのではないでしょうか。また、曖昧な答えは新しい混乱が生じることにつながります。丁寧に対応しているかどうかを、子どもたちは瞬間的に感じ取るものです。そのような場合、「この先生には、二度と相談しない」というように、自身の心を閉めてしまうばかりではなく、大人への不信感が一気に湧き起こるきっかけともなります。このことに限らず、日常の関わりの一言ひとことに子どもとの関係性を開いていく鍵が込められています。日常の丁寧な会話を心がけることは、子ども自身が自分のことを真剣に受け止めてくれていると実感することへつながっていきます。

7. 実施者の生い立ち，「物語」を再編する

　「過去」に触れることは，生活をしている中でも自然に出会う事象ではないかと思います。例えば，親しい友人や職場の職員，知り合いなどから，「実は昔〇〇の出来事があって」などの話が出ることもあります。通常はその場面の会話の中で完結するものです。第2章でも述べたように，ライフストーリーワークは子どもの「過去」に「触れる」という行為ではなく，子どもとともに過去の「旅」をするイメージとなります。旅の過程では，子ども自身が現在と過去の両方から干渉を受け，外的にも内的にも揺れ動くこととなります。そこで必要になってくるのは，実施者が一貫して支え続けるという姿勢です。しかし，この姿勢は表現するほど簡単なものではありません。特に，他人の過去に潜っていくことは，実施者自身の過去や生い立ち，そして内的に抱えている意識していない課題をケースに重ね，複雑な感情を呼び起こすきっかけとなります。まずは，実施者が自身の生い立ちを知ることと，「過去」に触れる行為の影響がどのようなときに現れるのかを自覚しておく必要があります。

　才村・大阪ライフストーリー研究会（2016）は，「実施者自身の価値観，考え方が，子どものライフストーリーの理解に影響を与えることを自覚し，自分自身のありように気づいておくことも，子ども自身のストーリーを実施者の価値観で色づけしないために重要である」と述べ，自己覚知のワークを紹介しています。自身の傾向を意識することで，ケースに向き合い，人と向き合うときに，専門職としての客観的な立場の保持を意識することができるようになります。それらを踏まえた上でも，まずは，自分自身の生い立ちを理解することから始め，可能な限り整理をしていく作業が必要となります。

　これは，「自身のことを知る」というだけでなく，実際に自身のライフストーリーワークを行っていくことで，内的な変容の過程がどのように起こるのかを自身で体感し，ライフストーリーワークのイメージを具体的に得る機会にもなります。「過去を訪問するとこのような気持ちになる」「忘

れていた情景がよみがえる感覚はこのようなものだ」など，知識だけでは
ない体感を通した学びは，子どものワークをより一層素敵なものへと導い
てくれます。具体的には，自身のジェノグラム，エコマップ，年表，現在
のプロフィールなどを作成してみるところから始め，母子手帳や写真を見
返し，昔の情報を収集することなどです。自分自身の年表を作成してみる
作業については，スマートフォンなどにもさまざまな年表のアプリがある
ので，活用してみるのも1つです。また，自身でシンプルに作成してみる
こともできます。「年代」「生活」「住んでいた場所」「学校」「担任の先生」
「思い出」などを「列」に書き込み，「行」に具体的な項目を記入していく
などです。才村ら（2016）の本でも紹介されているようなものなど，自身
が作成しやすいものが望ましいでしょう。

　年表に実際に記入してみようとすると，なかなか思い出せないことが多
いことに気がつきます。このようなときのツールとしては次章にも書いて
ありますが，昔の写真などを見てみることです。その年代の出来事やエピ
ソードについて，思い出すきっかけとなるかもしれません。他には，卒
園・卒業アルバムや，文集，制作物などの過去の物品からも同じように思
い出が出てくるかもしれません。私自身，実家に戻って部屋を整理してい
たときに，一体の熊のぬいぐるみが出てきたことがあります。普段はその
ぬいぐるみの存在すら忘れていたのですが，そのぬいぐるみを見て，手に
した瞬間に，「母が洋服をつくってくれたこと」「小学校に入るまでにとて
も親しい友人のように大切にしており，お風呂から寝るときまで一緒に過
ごしたこと」などを鮮明に思い出し，さまざまな情景が頭を駆け巡り，ノ
スタルジックな気分に浸った体験があります。このような体験は，子ども
の視点になって考えることの1つへとつながっていきます。ある程度，自
身の過去の「物語」が連続性のあるものにまとまったのであれば，次は，
実際に過去をたどる「旅」を行ってみてください。

8. 「過去」を訪ねる

　ライフストーリーワークの実際については，才村ら（2016）や楢原（2015），

山本・楢原・徳永・平田（2015）らの書籍を参考にしていただけると具体的なイメージがつかみやすいです。私はその中でも，ライフストーリーワークの過程の中で重要なのは，「過去の訪問」にあると考えています。ライフストーリーワークは，子ども自身が自分の人生に起こったことをさまざまな情報やツールをもとに，自分自身で「物語」を再構成していく過程でもあります。

　それは単に空白の部分に情報を埋めていくことではなく，情報というツールを媒体として過去の自分，出来事，場面をイメージとして想起し，自身の中に落とし込んでいく過程といえます。ライフストーリーワークを実施している最中は，現代に身を置きながら，子ども自身の意識は過去へとさかのぼることとなります。セッション型の面接などでは，心に負荷がかかった場合は，実施者の促しによって，目の前の現実の世界へ戻ってくることが可能です。しかし，実際に過去の生活に密接していた場所へ直接子ども自身が訪問する場合は，意識がさらに鮮明に過去に戻ることに加えて，目の前が過去の情報で覆われて，前述したようにさまざまな過去の情報の侵入が起こり，精神的負荷が大きくかかることになります。過去の訪問の場合はこれらの事象を想定しておく必要があります。まずは，実施者自身がその現象を体験することは外せない過程でしょう。

9.　過去と現在の関連性

　過去に深く触れていくことは子ども自身の中のつらい出来事を呼び覚ますこととなります。また，実施者には「子ども自身の情緒が不安定になるではないか」「さらに傷つくのではないか」といった不安が生じます。このような不安は当然起こるものです。しかし，意図的に過去に触れなかったとしても，子どもたちは日々の営みの中から入ってくる情報によって過去との対峙を強いられているものとなります。ごく当たり前に入ってくる情報から連鎖して，さまざまな記憶の断片にスイッチが入り，感情を誘発する引き金となっている可能性があります。

10. 季節と関連するキーワード

　日本は,「春」「夏」「秋」「冬」の四季が明確であり,季節の移り変わり
をさまざまな感覚で感じ取ることができます。四季が巡り,時代が移ろっ
ていくこのサイクルは,日本で生きる私たちの中にも自然の日常として繰
り返し刻み込まれています。ライフストーリーワークにおいても,この四
季は重要な役割を担っています。それは,季節によって「食べ物」「衣服」
「香り」「イベント(行事)」などが,それぞれの地域や,家庭により形成さ
れているからです。上記の季節に加えて,晴れ,曇り,雨,風などの自然
に発生する「気象」や,その気象に関連する使用物(雨合羽,長靴,傘な
ど),気象による「体感」(冷たさ・暑さ・汗・まぶしさ・湿気),カエル・
蟬・ヒグラシ・すず虫・犬などの「鳴き声」,電車,学校から響く吹奏楽
の音,グラウンドから響くかけ声,町内放送,チャイム,公園で遊ぶ子ど
もの声などの「音」と,木々や花が放つ香り,地域独特の匂い(川や海の
匂い・レストランなどのお店の匂い),コーヒーやカレーなど食べ物の匂い,
季節によって変化する日の出,日没などの1日の時間の移ろい,木々や畑,
学校,公園,店などの「場所」,信号機や看板などの「物」にも同じように
「物語」として記憶されています。これらの過去の「記憶」は,そのときの
自身の主観によって構成されています。また,構成されて,時間が経つと
ともに,記憶の内容も少しずつ変化していくものです。

11.「過去」へと

　前にも述べたように,ワークの過程で過去の現場へ行く場合は,その
ケースによって時期と方法を慎重に検討する必要があります。ケースを読
み,本人の「語り」に耳を傾けていくと,どの時期が,子どもにとって重
要な時期かが少しずつ明らかになってきます。それは,特に楽しく幸せを
実感していた時期と,特につらく,複雑な世界に生きづらさを感じていた
時期に大まかに分けられると思います。後者の生きづらさを感じていた時

期への「旅」は慎重な検討が必要となります。ここでは，実際に過去の場所へ赴くことについてイメージしていただきたいと思います。まず，過去の場所へ着いたら，実際に自身の足で歩くことが望ましいでしょう。実際に歩いていくうちにさまざまな気づきが子どもの中に湧き起こります。それは次のようなものが考えられます。

①記憶の中にある風景と実在する風景の現実的な違い，見え方の違い
②記憶の中にある風景と実在する風景の一致
③過去に点在する「物語」との再会
④今まで気づかなかった風景や物語の発見
⑤出会い

　①については，実際に歩いてみると，記憶の中にある世界の風景と現在見えている世界の風景の現実的な違いに気がつきます。それは記憶の中にある世界よりも，今見えている世界の方が小さく見えるということです。これは，記憶と現在の見え方に物理的な違いが生じていることによって起こります。具体的には，身長の違い，歩幅の違いなどです。実際に膝を曲げて背を小さくした状態で見える世界と，通常の状態で見た世界では，見え方が大きく違います。歩幅も同じことがいえます。実際に通っていた保育園や幼稚園，小学校や中学校までの通学路を行きと帰りで歩いてみると，昔はとても遠く感じていたものが近く感じることができるかもしれません。また，以前に実在していたものが実在しなかったり，以前には実在しなかったものが実在していたりすることがあります。それは，「店が空き店舗になっている」「近くの家や，遊んでいた空き地，公園などに別の建物が建っている」「自動販売機がなくなっている」「道路の塗装や標識，店の看板が劣化している」「信号機や街灯が変わっている」「木々が大きく成長している」なども含めた数多くの気づきを得ると同時に，「時」の移ろいを体感することです。そのような体感は「現在」と「過去」の境を自覚し，自身の記憶の中のイメージは「過去」であり，過ぎたことであるということをあらためて認識するきっかけとなります。

過去と現在の移ろいに気づくこともあれば，変わらないものがあることにも気づきます。②は記憶の中にある風景と一致するものが数多く現存することを知ることです。現存するものを見たときには，懐かしさとともに，今も変わらない場所や建造物などに対して，時代の移ろいを生き残ったことに対する畏敬や共感のような感情が芽生えてくるかもしれません。

　③はとても重要な過程になります。しかし，過去の生活をネガティブに捉えている場合は「過去」に戻ることは子どもにとっても不安が強いものです。また，過去の成育歴などから，本人から語られるであろう内容をある程度考察している実施者にとっても同じことがいえます。実際に「過去」の生活の場所を子どもと探索してその場所や風景を体感することで閉ざされていた「物語」が子どもの中に鮮明に開かれていきます。たとえば，転んだときに優しく声をかけてくれた近所の人や，困っているときに相談にのってくれた友達，自分のことを気にして関わってくれた先生などの「人」との肯定的な「物語」などです。

　それと同時に否定的なつらい「物語」も鮮明に思い起こされます。それはとても侵襲的でつらいものでありますが，実施者や安心できる大人がそばにいて，声をかけ続けてくれることで，現代に足を置きながら意識を過去に戻すことを行えるものです。その他には，過去に起こったユニークな出来事などを思い出すこともあります。例えば，お金を握ってお菓子を買いに行っている途中でお金を落としてしまい，一生懸命探して見つけたことや，公園でかくれんぼをして1人隠れていたら，誰も探しに来なくて出て行ったら別の遊びに変わっていたことなどのふとしたエピソードです。このように，過去のさまざまな「物語」を鮮明に思い返すことで，「過去」には気づかなかった出来事に気づいていきます。

　④については，実際に「過去」に戻り，過去の記憶を想起させ，「物語」がイメージとして活発に思い返されるようになった過程の延長に見られます。「過去」に戻ると⑤のような過去の物語に関連する人との不思議な「出会い」に遭遇することがあります。近所の知り合いだった人から声をかけられる，幼稚園や学校の先生と偶然再会する。昔通っていたお店に入るとそこの人が覚えてくれていて，いろいろな「物語」を語ってくれるな

どです。このような不思議な出会いがあることも「過去」を巡る「旅」の魅力的で素敵なところです。

12.「過去」へ行く前の準備

　実際に「過去」に生活した場所へ行く前には，子どもに丁寧に説明をしておく必要があります。まず大切なのは，「あなたが行きたいところへ可能な限り行きたいと思います」という子どもを主体とする説明です。そして次には，「行きたくないところには行かなくてもよいので，そのときは，もういいとか別のところに行こうなどと言ってくださいね」ということを伝えます。また，「昔のところに行くと，嫌なことを思い出して，苦しくなったり，頭が痛くなったり，身体が震えたり，呼吸が早くなったり，倒れそうになったりすることがあるかもしれないので，そのときは，すぐにきついとか，だめだとか言って教えてくださいね」と伝えておく必要もあります。実際に「過去」が子どもにとって非常につらい場所で負荷が大きいと思われる場合には，次章で紹介するインターネットのツールを用いて，事前に「過去」の下調べを行い，「過去」へ戻る準備を行うのもよいでしょう。また，下調べの中では本人と一緒に，どこに行きたいのかを話し合い，ある程度の計画を立てておくことが必要です。あくまでも計画は子どもを主体で決めていきますので，実際には本人が行きたいところへ行くということには変わりがないことを明確に伝えておきます。

　また，実際に過去に行ったときに実施者からそのときのことや思い出したことなどを尋ねられることもあるので，答えたくないときには，「わからない」「どうだろう」などと返してほしいという話もしておきます。身体や心の変化を一番心配しているので，無理はしなくてよいこと，大人がそばにいるので安心してほしいこと，気分についても尋ねることがあるので，そのときの気分を率直に教えてほしいことを伝えておきます。「過去」へと出発する前，そして，その場所へ着いて降り立つ前にも伝えておくと子どもの心の準備と安心へつながっていきます。

　社会的養護下の子どもたちは，生きてきた過程の中で，安全で安心を保

証されるべき生活と営みに欠け，褒められて励まされるべき存在であった
ところを，感情的に扱われ，自らの意志とは関係なく生活の場所を変わる
ことを余儀なくされてきています。そのような経験が子どもたちにもたら
すものとしては，この世界に自分という存在は存在してはいけないのでは
ないかという不安感，何をやってもうまくいかないのであれば，何もしな
い方がよいという無力感，そして世界は自分を守ってはくれず，そのため
に1人で生きているという孤独の感覚が蔓延しています。しかし，実際に
過去を紐解き，情報を集めながら過去と対峙することで，上記のようなネ
ガティブな認識から，「自分は大切にされていた」「いろいろな人たちが関
わってくれていた」「つらい出来事だけでなく，楽しいことも，うれしいこ
とも，うまくいったことも，うまくいかなかったこともいろいろあった」
などの過去の認識が広がり新しい「物語」へと変容していく可能性が高ま
ります。それは，結果として自身の「生」に対する肯定へとつながる一助
となります。

　「時」の移ろいの中で，過去は過去であり，現在は現在になります。社会
的養護下の子どもに限らず，人は「過去」に起こったネガティブな出来事
が現在も進行し，そして未来にも起こり得るという認識にとらわれること
があります。すべてのことを明確にすることは難しいですが，「過去」を
「過去」として認識するようなきっかけがあることで「過去」があり，「現
在」があり，そして「未来」へと流れる連続性で捉えることができるよう
になります。つらかったこともあり，人に支えられて楽しかったこともあ
り，うまくいったことも，うまくいかなかったこともあることに自分で気
づいていく。そのためのツールを集めに行くことが「過去」へ向かう旅の
目的となります。

13. 「過去」の旅から「現在」へ

　個別の面接／セッション型のライフストーリーワークや，過去の訪問型
のワークにおいても，一般的に考えると「現在」に身を置いている形に
なっています。しかし，「過去」を想起して，具体的な場面を鮮明にイメー

ジしているときには，意識が「過去」へ戻っていることとなります。面接を閉じる際や，「過去」の訪問を終える場合，現在の生活空間へ戻る前に「儀式」が必要です。

　それは，面接の終わりに，今日の具体的な話題や今日の日付や曜日を尋ねてみることや，トランプやゲームをして楽しく閉じることなどです。また，過去の訪問の場合は，子どもの好きなものを食べる，行きたいお店へ行く，遊びたいもので遊ぶなどです。特に過去の訪問を後々振り返った際に，「あのときは楽しかった」と肯定的な「物語」となるように，実施者や大人が平静の中にいながらも子どもを側で支え，子どもとともに過ごしていることを楽しく捉える必要があります。第3章でも述べていることですが，これらは有益なリソースとなります。

14. 「過去」をまとめていく作業

　過去の訪問から戻った後や，その次のセッションでは，実際に過去をたどった「旅」の思い出について語っていくことなども有効です。そのためには，過去の訪問の際の，写真やビデオなど本人の様子を写したものを活用するとよいでしょう。写真や動画を媒体とすることで，また，新たな語りが出てくる可能性もあります。「過去」の訪問から振り返りの面接までは間隔を置かない方法もありますし，間隔があると深まりが出る場合もあります。子どもの状態などを見極めながら柔軟に実施していく必要があります。李節や時間帯を変えて「過去」を訪れることで，また違った世界が見えてきます。訪問の回数や時期は，計画の際に考慮するとよいでしょう。

15. ケースワークとしてのライフストーリーワーク

　第3章の中でも述べていますが，ライフストーリーワークを実施する際には養育者（親権者や親族などを含む）などの協力が必要になります。また，楢原（2015）は子どもに重要な情報を伝える際には，家族の理解と協力が得られていることが望ましいと述べています。実親や家族に対して，

実施の必要性や実施方法，そして，実施後の影響と変化などを丁寧に説明し，同意や協力を得られると，ライフストーリーワークの内容に色彩が加わり，子どもの整理・受容の作業が深まります。

16. 母親の視点から考える

　ライアンとウォーカー（Ryan & Walker, 2003／才村・浅野・増田, 2010）は，「3組の両親」について以下の3つを紹介しています。
　①生みの親
　②法的責任をもつ親
　③「世話をする」養育者
　多くの場合，1組の両親が上記の3つの役割を担っていることとなりますが，社会的養護のケースでは，この3つの役割の種類が分かれていることがあります。
　ここでは，3つの役割を担っている子どもにとって重要な親を「母親」と表現し，その視点からさまざまなことを考えていきたいと思います。社会的養護のケースでは，母親と子どもの間に入り，関係性の調整を行うライフストーリーワークの実施や，真実告知の同意を得ようとするとき，母親がそれを拒むことがあります。その要因として，多様なものが予想できますが，例として以下のようなものが考えられます。

　①自分の子どもを社会的養護に託していることに対して，母親が自身の力のなさを感じている場合，子どもにその理由を知られることによって，母親としての存在意義が揺らぎ関係が破綻するのではないかと考えている。
　②子どもに対して思い入れがあり，子どもが入所の経緯や家族背景を知ることで，子どもが精神的ダメージを受けるのではないかと心配している。
　③母親が，自身のプライベートな領域に第三者から介入されることに抵抗があり，拒否や反発をする。

いずれにしても，母親自身が子どもと離れて暮らしていることについて，どのような感情を抱いているのかを，母親側の視点に立って考える必要があります。それにより，同意を得る際の説明をどのように行っていくのかを具体的に考えることができます。そのためにも，まずは母親との関係を築いていくことが重要となります。この役割は，児童相談所と連携し，家庭から分離した段階でどのように母親と関係を築いていくのかをアセスメントに基づいて計画する必要があるでしょう。具体的な方法としては，家庭訪問や面接，電話などで定期的に接触をし，相手の話を聞きながら，共感し，子どもの現状や子どもが抱いている母親に対しての肯定的なイメージを伝え続けることです。それらの働きかけにより，難しかった関係に変容をもたらし，止まっていたケースが動き始めるきっかけになるでしょう。

17. 母親の「語り」について

母親自身の自尊感情が低く，物事を否定的に捉えてしまうケースに対してのアプローチとして，母親と子どもの間に入り，それぞれの感情を代弁していく役割も必要になります。例えば，子どもの担当などが，「この前の夕食時にハンバーグが出たときに，○○さんが，ハンバーグを食べながら，お母さんのハンバーグはとてもおいしいんだ。料理もとても上手なんだよ，と教えてくれました。その話をしているときの○○さんの笑顔と話し方を見て，○○さんはとてもお母さまのことを大切に思っているんだなぁと感じました」と日常場面を母親へ肯定的に伝えることなどができます。母親との関係が築かれていくと，母親自身から，さまざまな「語り」が促されることが多くあります。この「語り」が出るタイミングを見逃さずに，「語り」を深く引き出すことが母親と子どもの双方にとって有益なものとなります。

「語り」に対しての受容，共感の場面の例としては，このようなものがあります。

母　親：私，子どもの育て方がわからないんです。つい，イライラして，

　　　　　叩いてしまうんです。それで，ダメな母親だなあって思いなが
　　　　　ら，反省するんですけど，また繰り返してしまって……。
支援者：そうなんですね…どうしていいかわからずに，不安になってイ
　　　　　ライラしてしまって，叩いてしまったということですか……。
母　　親：はい。誰にも相談できなくて，母親だからきちんとしなければ
　　　　　いけないと思って……。
支援者：そうですか。それは，とてもたいへんだったですね。自分が母
　　　　　親だから，自分が育てないといけないという思いが強くあった
　　　　　んですね。
母　　親：はい……。
支援者：たいへんな思いをされたんですね…，自分がきちんと育てない
　　　　　といけないという強い思いはどうして出てくるんでしょうか？
母　　親：よくわかりませんけど…私の母は家に全くいなくて，母から大
　　　　　切にしてもらった記憶はないんです。だから，自分の子どもは
　　　　　大切にしたいという思いがあります…でも，結局，一緒に暮ら
　　　　　すことができなくなったのは，私のせいです。本当に申し訳な
　　　　　いと思っています……。

　母親の「語り」には，自身の生い立ちの背景や課題が見え隠れする場合
があります。母親の自身の生い立ちの「語り」や，子どもに対しての感情
などが語られることは，子ども自身にとっても肯定的な情報となります。
また，母親から語られた過去に対して，受容と共感の態度を示すことで，
母親自身の「物語」にも変化が見られてきます。出てきた情報に対しては，
「その思いをぜひ，お子さんに伝えてみてはいかがでしょうか？」「今のお
話をお子さんに私から伝えてもよろしいでしょうか？」と促すことは，母
親と子どもの隙間を埋めていく過程の一歩となります。家庭から離れて暮
らすことの要因が，「母親からの虐待」であったとしても，虐待に至るそ
のときの状況や，母親の感情を子どもが知ることによって，家庭から離れ
て暮らすこととなった経緯の本質を受容するプロセスの促進につながるこ
とになります。

18.　母親との関係性の上に成り立つ同意

　ライフストーリーワークの同意を得ようとする場合，母親との関係が築けていない状態で「○○さんが入所の理由を知りたがっていますので，教えてもよいでしょうか？」などの説明を投げかけても，前向きな答えは得られない可能性があることを想定しておく必要があります。ライフストーリーワークの説明を母親へ行う場合の重要なポイントをまとめると次のようになります。

　①実施者・実施する組織と母親との継続性のある良好な関係
　②子どもと母親との関係
　③家族支援の計画（継続性のある支援計画）が立てられていること
　④実施する目的の明確化と焦点化されたライフストーリーワークのゴール（終着点）
　⑤子どものニーズ（分離の理由・家族背景などを知ること）に対して具体的に対応しない場合に予想される，子ども自身と母親との関係への影響
　⑥実施した際に予想される子どもの行動と変化，予想される親子の関係の変化と影響，総合的な将来への影響性
　⑦母親への同意に向けた関係機関・組織との打ち合わせ
　⑧母親（親権者）への説明に向けたシュミュレーション

　これらはケースに応じて個別に検討し，調整していく必要がありますが，大切なのは，これらのポイントを実施者や関係者などがアセスメントしながら実施の準備を整えていくことです。

19.　母親と子どもをつなぐ架け橋として

　「○○さんが，自分自身の小さいときのことを知りたいと言っているの

ですが，○○さんの写真などは残っていますでしょうか？」「小さいとき
にお母さんと映っている写真や，小さいときのお母さんの写真が見たいと
言っておりまして，写真などはありますでしょうか？」「生まれたときの
写真を見たいと言っておりまして，生まれたときの写真などはありますで
しょうか？」などと，ライフストーリーワークの説明に入る前に，過去の
情報や資料を収集するところから始めるのも有効的な手段です。児童相談
所によっては，情報収集の方法をリスト化し，保護者自身に聞き取り用紙
を記入してもらう取り組みなどを実践しているところもあります。
　ライフストーリーワークの開始時点で同意が得られなくとも始められる
ワークを進めながら，母親にアプローチを行っていく方法も考えられます。
例えば，実際に写真を見せてもらうことができれば，写真を見ながらこの
ような会話などもできるのではないでしょうか。

支援者：○○さん小さくてかわいいですね。お母さんに似ていますね。
　　　　生まれたときの体重はどれくらいだったんですか？
母　親：母子手帳に書いてあると思います。少し大きくて，生まれるま
　　　　でに時間がかかってとてもきつかったのを覚えています。
支援者：そうですか。たいへんだったですね。たいへんな思いをされた
　　　　ので生まれたときにはいろいろな思いがあったのではないです
　　　　か？
母　親：そうですね…とても，とてもうれしかったですね。うれしくて
　　　　涙が出ましたね。生まれてきてくれてありがとう…しっかり育
　　　　てるね…って思いました。
支援者：そうですか…素敵なお話ですね。今のお話を○○さんが聞いた
　　　　らとてもうれしいでしょうね。ぜひ，この写真を○○さんと一
　　　　緒に見ながら，今のお話をしていただきたいです。今のお話を
　　　　○○さんに私の方から伝えてもよろしいでしょうか？　とても
　　　　素敵なお話ですので，ぜひ……。

　生命が宿り，誕生するまでの過程は母親にとっては，とても大きな体験

となります。また，そこには母親から見た特別な「物語」があります。特に出産は，その中でも重要です。母親から出産の様子を聞き取るためには，母親自身が出産時を想起してイメージする必要があります。写真などの媒体があり，意図的な促しなどの働きかけによって，当時の感情が語られることがあります。もし，その会話の内容を子どもに伝えることの同意が得られない場合でも，母親が語っていた様子や，肯定的な感情をもっていたことなどを代わりに伝えることもできるのではないでしょうか。

　母親と面接をしていく際には，自然な話の流れを意識し，子どもに関する肯定的な情報や感情が語られる促しを意識することが必要となります。それは，子どもとの会話にも同じことがいえます。社会的養護下の子どもの母親は，複雑な背景を抱えつつも，はじめから子どもを心の底から憎んでいたわけではないと思います。子育てに悩みを抱えていたり，自身の課題が克服できなかったり，社会的に孤独を感じていたり，生活に余裕がなかったりなどさまざまな困難な状況があります。共通しているのは，離れて暮らさなければならない状態に至るまでには，さまざまな過程を含めた「物語」が存在したということです。

　子育てがうまくいかないのは，とてもつらいことです。子どもが自分に懐かないとき，自分の言うことを聞かないとき，長時間泣き止まないとき，いろいろな問題が起こることなどが続いていくと「自分の子どもは自分のことを嫌っている」「自分のことを親と思っていない」「自分のことを大切に思っていない」「自分のことを馬鹿にしている」「私は誰からも必要とされないダメな存在」などの複雑な感情が自然に生まれてくるものです。そうしたネガティブな感情に左右されることは，心の余裕を失わせ，叱責や暴力などの荒々しい関わりを引き起こし，子どもを拒絶することへとつながっていきます。

　また，このような関わりを通して，子どもの中にも同じような感情が芽生えてきます。子どもと母親双方の心の奥に眠っている感情を自然な「語り」として引き出し，それらを肯定的に相手に伝え，また，その反応を相手に伝えていくことで，双方の感情のズレやかけ違いを修正する働きの一助となるかもしれません。図4-1のように，母親と子どもの主観的な視点

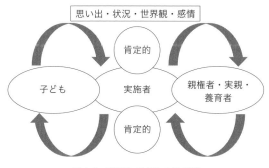

思い出・状況・世界観・感情

肯定的

子ども　実施者　親権者・実親・養育者

肯定的

図 4-1　家族と子どもの架け橋

で構成されている世界観と「物語」を，第三者が客観的で肯定的な情報として伝えていきながら，支援者は，互いの架け橋としての仲介役を担うイメージを意識してみる必要があります。

20. 相手に主体をもたせるインタビューについて

　ライフストーリーワークのブックを仕上げることをゴールとし，子どもや養育者から半ば強引に情報を引き出す方法では，ライフストーリーワークの本来の実施目的と終着点が 180 度違うところへ行ってしまう可能性があります。対話を通して相手から「語り」を聞き出す際に実施者が意識しなければならない重要なポイントは，主体性を相手に置くことです。ライフストーリーワークには非指示的なアプローチの姿勢が求められるともいえます。これは，主役を子どもに据えて，子どもの状態に合わせて進めていくことが中心となります。セッション型のワークを実施し，一対一で対峙した場合に，つい実施者がリードをしながら多くの情報を聞き出そうとすることが起こります。今思い返すと，私も最初の方では，次から次へと質問を投げかけては，情報を引き出すことに集中し，1 つひとつの質問の答えを互いにゆっくりと考え，思いを巡らすことなどは行っていませんでした。それらは，子どもに対して非常に敬意を欠く行為であったと反省しています。ここで参考になるのは，テレビ・新聞記者などのインタビュー

のイメージです。ドキュメンタリーなどでは当事者に対してインタビューを行います。例えば次のようなやりとりはどうでしょう。「〇〇についてどのように思われますか？」「……」「なるほど，〇〇ということですね。なかなかそれはできないことだと思いますが，それについて，どうしてそのようにしようと思われたのですか？」「……」「そうですか。〇〇と思われたのですね。そのときのお気持ちはどのようなお気持ちだったでしょうか？」などと，あくまでも，相手を主役として中心に据え，相手が言った言葉などを繰り返しながらその内容を深めていく方法は，参考になるのではないでしょうか。ローズとフィルポット（Rose & Philpot, 2004／才村, 2012）は，「科学技術ではなくアート（芸術）」と題してライフストーリーワークに関連するさまざまなインタビューについて紹介しています。ライフストーリーワークの実施者は，さまざまな引き出しを持っておく必要があります。大切なことは，ライフストーリーワークの目的と，ライフストーリーワークを通して何をしようと思っているのかの主要な目的を，子ども自身にも丁寧に繰り返し伝えていくことです。それに加えて，子どもとの信頼関係が築かれていることは大前提といえるでしょう。

第 5 章

ライフストーリー
ワークのツール

この章ではライフストーリーワークを実施していく際に役に立つと思われるものについて考えていきたいと思います。ここではさまざまな意味で役に立つものを「ツール」と表すことにします。ライフストーリーワークを実施する場合には，子どもや家族によって実施の形を柔軟に変えていく必要があります。したがって，役に立つ「ツール」も多様に考えていがなければなりません。これから紹介するものを実際のケースに照らし合わせてイメージを膨らませていただきながら，使えそうなものとそうでないものをさまざまな角度で吟味し，実施のヒントにしていただきたいと思います。また，そのヒントをアレンジしてオリジナルなものへと広げていただくこともお勧めします。

1.「知識」について

　「ライフストーリーワークについて教えてほしい」「どういった事をすればよいのでしょうか？」「具体的なワークの進め方はどうすればよいのでしょうか？」「実施のイメージがもてないので取り組みが難しい」このような質問や会話が飛び交うことが増えてきており，さまざまな現場においてライフストーリーワークへの関心が高まるとともに，その必然性に気づかれている方々が増えてきていることがうかがえます。第３章で取り上げている話題とも重複しますが，まずは，このような質問を私が受けた場合には，「インターネットや書店などでライフストーリーワークに関連する素晴らしい日本語の本が多く出ていますので，まずは，関連する書籍や論文を読むことから始めてみてはいかがでしょうか？」と答えます。書籍や論文を読むことで，具体的な理論や知識は自身のケースと融合しながら重層的になり，自分の中に取り込まれていきます。それにより実施のイメージが具体化されることとなります。ライフストーリーワークを実施する前には，さまざまな不安が生じてくるものです。それは先が見えない真っ暗な闇深いトンネルへと入るようなイメージともいえると思います。実施をすることで何が起こるのか，どのように実施をすればよいのかなど不安は次から次へと沸き起こります。そのときに，具体化された知識や実施のイ

メージは自身の不安を軽減し，課題を乗り越える力となり，トンネルの出口の光として進むべき方向を教えてくれることになるでしょう。

2. ライフストーリーワークの研修会に参加する

　山本・楢原・徳永・平田（2015）の本でも紹介されていますが，現在，日本の各地でライフストーリーワークの実践に取り組みながら，研修会を開き情報発信を続けている，さまざまな立場の方がおられます。全国で実施されている研修会，地域の研修会，メーリングリストなどに参加してライフストーリーワークについての情報を収集してみることは，とても有意義なことです。研修会に参加すると，ライフストーリーワークの必要性を強く感じ，子どもたちやケースのことを真剣に考えている，多くの人たちから貴重な意見を聞ける機会となります。さまざまな職種，立場の人たちが子どものために何ができるのかを考えて実践している声を聞けば，モチベーションの向上にも大きく影響します。モチベーションが下がると，必要性を感じつつも，ライフストーリーワークの実施の意識が後回しになってしまう可能性が出てきます。また，実施について不安や困っていることなどを率直に尋ねることもできます。それにより，具体的な答えや解決の手がかりが返ってくるかもしれません。可能であれば，定期的に相談できる人を確保することも重要になります。もし近くにそのような人がいない場合でも，メーリングリストなどを活用することは非常に有効な手段となります。

3. 数多くのケースに触れる

　施設であれば，退所者のケースを読み返してみたり，事例検討会に参加したりすることが考えられます。また，ライフストーリーワークに限らずさまざまな事例に触れながら，支援の方向性やその過程を学ぶことは強みになります。特に，社会的養護の経験が浅い場合は，多くのケースに触れる必要があります。これらはケースが記載されている書籍などを読むこと

でも得られるものが大きいです。また，関連する論文などもインターネットを介して見られるものがありますので，そちらも有効的に活用するとよいでしょう。ライフストーリーワークはケースワークの過程の上に成り立っているものでもあります。そもそものケースワークの方向性が定まらない状態でワークを実施することは，子どもと家族，そしてケース自体を違った目的地に連れて行ってしまいます。

4. 使用するライフストーリーブックについて

(1) ライフストーリーブックを使用する

　才村（2009）のライフストーリーブック（以下，ブック）を使用することで，開始の準備や，実施のハードルを下げることができます。このブックの構成は非常に優れており，1冊の構成が過去→現在→未来へと分けられているため，実施の終着のイメージがもちやすいです。実施のイメージがもてるということは，実施者にとっても，子どもにとっても，終わりを見据えた過程を踏んでいく体験の見通しをもつことができるという安心感につながります。また，ブックの構成として，開かれた質問で構成されており，ブックの内容に沿って進めていくことで，子ども自身の内的な世界観に直接アプローチできることが利点となります。本とブックの設問を媒介として子どもと話を進めていくことで，適度な距離感を保ちながらワークを実施することも可能となります。

　使用する際に気をつけなければいけない点としては，ブックの構成に頼り過ぎて事前の準備を怠る可能性が出てくることなどがあります。また，記入し，中身を埋めていく作業に焦点を置き過ぎて，一方向的な面接となり，子どもが置き去りになる可能性もあります。これを防ぐためには，実施者自身がライフストーリーブックの構成の本質を正しく理解する必要があります。また，ライフストーリーワークを進める際にも同様にケースを読み込みながら，子どもがどのような世界観で生きてきたのか，どのように感じていたのかを考え，ブックの内容に当てはめていきながら子どもの視点で実施していく必要があります。具体的には，「この質問をされたと

きに，子どもは何を感じ，何を考えているのか？」といったものです。例えば「お母さんについてどう思いますか？」との設問に対して，子どもが「別に何とも思わない」と記入した場合に，記入した内容をそのままの意味で捉えるのではなく，さまざまな感情や意図が含まれている可能性を考慮する視点が必要です。

　それらを実際に補うための方法は，事前にケースを読み，子どもの内的な世界観に仮説を立てることです。仮説を立てなければ，「母については，別にどうでもいいと思っている」とそのままの意味で捉えてしまうかもしれません。一方，子どもの内的な世界観に仮説が立てられていると，「今は，母のことに直面する段階ではなく戸惑っているのかもしれない」「母について，どう表現していいかわかっていないのかもしれない」「別にどうでもいいと自分の中で無理に納得させようとしているかもしれない」などの少し深まった見解が生まれてきます。これはあくまでも，こちら側が一方的に考えているものであり，実際にどのように思っているかは子どもの表現からはわからない場合も多いです。さまざまな角度で子どもの心の動きを考え理解しようとする実施者側の姿勢が不可欠になります。子どものケースについての理解を深め，子どもの心の動きに対して理解を示す姿勢を求めていると，言葉でのやりとりに深みが生じてきます。それにより，言葉の選択肢も増えてくると思われます。

　「別に何とも思わないというのはお母さんのことをどうでもいいと思っているということ？」などの領域が狭く限定された言葉の返しをしてしまうと，そこからの広がりが限定されてしまいますし，子ども自身の考えをその一言で強めてしまい，「自分は母のことをどうでもいいと思っている」という考えを子ども自身に植えつけてしまう可能性もあります。一概にはいえませんが，「この『別に何とも思わない』は，どういう思いになるのかな？」などと本人自身に問いを戻すことも考えられます。問いが自身に戻ることによって，自身の中でも，その言葉の意味を反芻する機会となり，子どもの内的な部分での葛藤の整理が促進される機会となるのです。

　実施者側の事前の準備や考えが整っていない状態で実施をした場合には，別の問題も生じてきます。そもそも，子どもの内的な世界観の仮説として

「この子はまだ，母のことについて直面するには少し早いかもしれない」
「直面することで，自身の中での混乱が大きく精神的なダメージが発生してしまうのではないか」という考えが出てきた場合には，ブックの章を選ぶことや，取り組む内容を再度修正する必要があります。子どもの内的な世界観に視点を置かなければ，ライフストーリーワークを実施している過程で，大人が子どもにダメージを加えてしまう危険性があることを十分に理解しておかなければなりません。

(2) 独自のライフストーリーブックを使用する

　後ほど述べる「母子手帳」にしてみてもそうですが，社会的養護下の子どもたちは，自分が歩んできた過去から現在についての目に見える形の「証し」が乏しい場合が多いといえます。「証し」とは，「情報」であったり，「写真」「ビデオ」「音声」などの記録の媒体です。ライフストーリーワークを進めていく中で，子どもが自身の「証し」が少ないことに気づいていくことは自身の自尊感情を下げていくことにもなりかねません。過去の情報の収集にも限界があるため，情報が少ないケースの場合には，市販のブックを使用すると，未記入の項目が多くなる可能性も考えられます。その場合の対応として，実施者，あるいは子ども自身が項目を追加しながら独自のライフストーリーブックを作成していくことが考えられます。

　独自のブックを使用する利点としては，個別のケースに応じた，オリジナリティに富んだブックが子ども自身によって編纂可能となるところです。母子手帳を持っていない子どもや，母子手帳の記載が少ない場合においても，記載があるところや，乳幼児の調べられる情報などを事前に実施者が把握しておきながら，意図的に子ども自身に質問をすることもできます。これは，同時にライフストーリーワークの過程を実施者がある程度見立てて構成することも可能となります。

　乳幼児期の詳細が不明で情報が少ないケースや，虐待や慢性的に不適切な関わりを受け，トラウマを抱えている子どものケースなどには，ある程度，ライフストーリーワークの方向性を枠づけてコントロールしていくことが求められます。それは実施者が事前に内容を検討し，調整していくこ

とでもあります。

　自身でブックを作成していく際の留意点としては，市販のブックを使用する場合よりも，さらに，ライフストーリーワークのプロセスと終着点（ゴール）を精査する必要があります。こういったブックを使用する際にも，子どもの内的な世界観の仮説なくしてワークを構成することは不可能であると同時に仮説が浅く，焦点が歪んでいる場合などは，終着点も同時に歪むこととなります。市販のライフストーリーブックの場合，「過去」→「現在」→「未来」と構成が決まっており，終着点についても「将来の展望」へとつながっていきます。したがって独自のブックを使用する際にも構成を丁寧に組み立てていく必要があります。

5. インターネットを利用したワーク

　ライアンとウォーカー（Ryan & Walker, 2003／才村，2010）は，対話的アプローチとしてパソコンを使用したワークの方法を紹介しています。パソコンを使ってライフストーリーワークを進めていく方法についての具体的なイメージ構成となりますので，ぜひ参考にしていただきたいと思います。

　現在はインターネットがより身近なものとなり，中学生や高校生がスマートフォンを持つのが当たり前になっています。社会的養護下の子どもたちも，スマートフォンの所持や，パソコンの利用などでインターネットにアクセスし，さまざまな情報収集を日常的に行っています。社会的養護下の子どもたちが，入所の理由や家族について，よく理解していない場合があることとあわせて，少し考えてみたいと思います。

　インターネット上にはさまざまな情報が溢れ返っており，キーワードを検索すれば，関連した項目を瞬時に，そして膨大に手に入れることができます。それらは魅力的なものですが，インターネット上にある情報がすべて正しいわけでなく，中には不確かな情報，誤った情報も多く存在します。その中から正しいと思われる情報を選択していくことが必要となります。社会的養護下の子どもたちは，自分たちが置かれている状況や，家族のこ

と，これからのことなど，さまざまな情報を欲しています。子どもたちがインターネットからそれらの情報を調べる可能性も大いにあります。例えば社会的養護のシステムについて理解していない児童であれば，インターネットの質問のサイトに「どうすれば施設を出られるのか」と検索することもできます。また，キーワードを打っていきながら，情報を収集していくことも可能です。これらの情報は正しいこともあれば，そうでないこともあり，子どもたちをさらに混乱に陥れる可能性もあります。インターネットをライフストーリーワークの手法として，大人と一緒に用いることは，インターネット上の情報をどのように活用していくのかを考えていく有意義な機会ともなります。

(1) インターネットを用いたセッション型のワーク

　インターネットやパソコンを利用してセッション型のライフストーリーワークを行うことで子どもの状況に応じた多様なワークが可能となります。実際の方法としては，インターネットにつながっているパソコンを子どもと見ながら話の中で出た話題や，現在興味があることなどを一緒に検索したりします。また，その調べた内容や画像，感じたことなどをワープロソフトなどに貼りつけていきます。それらはセッションが終わるたびにカラー印刷を行い，子どもにできあがったものを見せながらワークブックに追加していきます。そうしていくと回を重ねるごとにブックがカラフルで鮮やかなものになっていき，子どものブックとしてオリジナリティ溢れる素敵なものができあがっていきます。これは見た目もよいですし，何よりも子ども自身の興味ある内容で溢れることで，子ども自身がブックを大切にする可能性が高まります。

　ブックは現在と過去，そして未来を綴るものであります。現在興味があるものなどを載せることで，後に見返した際に実施者と一緒に調べたことや，そのときの思い出がよみがえるきっかけにもなります。調べる内容としてはさまざまですが，子どもが今，興味のあるアニメ，おもちゃ，カードゲーム，ゲーム，キャラクター，好きなアイドル，好きなタレント，好きな場所，行ってみたい場所，やってみたいこと，将来の夢などがありま

す。また，過去の年代に分けて，そのときに好んでいたアーティストや有名人，ドラマ，アニメ，音楽，遊び，ゲームなどを一緒に調べることで，その頃をあらためて思い返すきっかけとなります。

　最近では動画サイトなどに，その年代の流行の曲をつなげた動画などもありますので，一緒に視聴するのも過去を共有する素敵な機会となります。また，子どもたちがそのときに興味をもっているものは，子どもの内的な状態を反映していることがあります。年齢が高い子どもであれば，興味があるドラマやアニメなどを一緒に見ることもできます。パソコンを使った他のワークの方法としては，一緒にテーマを決めて小説を書いていくことや，テーマや主人公を決めて実施者と子どもが交互に「物語」を構成していくリレー小説の作成などもあります。他には好きだった食べものを一緒に食べることも考えられます。それらは，ワークを楽しみながら子どもの内的な世界観に触れる機会となります。

(2)「過去」をたどるツールとして使用する

　ケースによっては，生まれた場所や生活した場所を転々とし，町から町へと移住してきた場合があります。そのような子どもたちとワークを進めていく際に，インターネットの使用はライフストーリーワークを大いに手助けしてくれます。特にグーグルマップのストリートビューなどを使用すると，その場で遠く離れた土地の風景を見ることができます。前にも述べていますが，過去の訪問の方法については，可能であれば実際に子どもと一緒に訪問をすることが大きな意味をもっていますが，子どもに応じた実施の方法を考えたときに，このインターネットを用いた「過去」の訪問の方法は1つの緩和剤になると思われます。

　ケースによっては，住んでいた地域が子どもにとって非常に大きな意味を占めている場合があります。それは肯定的な面でも否定的な面でもあります。ある土地では，たくさん友達がいて楽しく過ごせた学校があり，両親は仲がよく幸せで楽しい家での生活があったかもしれません。別の土地では，学校でうまくいかず，楽しくなかったかもしれないですし，家に帰ると，とてもつらいことばかりで思い出すことすらも抵抗があるかもしれ

ません。

　前章で述べたように，過去の訪問が子どもにとって負荷が大きい場合には，インターネットを利用するのもよいでしょう。過去についての情報を調べることは，過去に戻ることへのストレッチにもなります。

　実際の方法を簡単にご紹介したいと思います。グーグルマップをパソコンから開き，子どもと一緒に調べていく方法です（図 5-1）。あらかじめ，子どもと一緒に過去に住んでいた場所について調べてみたいところや，印象的な場所を尋ねておきます。もし子どもから話が出ない場合は，通っていた学校や覚えている地域などを選ぶのもよいかもしれません。セッション型を行っている流れの中で，肯定的な情報が出ている場所を選定し，その場所から調べることで，過去を巡ることに対して子どもが前向きになる可能性が高まります。大切なのは子どもの状況とペースに合わせていくことです。

　グーグルマップを用いて画面上で道路を進んでいくと，面接の場所にいながら別の場所を移動している感覚が味わえます。その中で出てきた子どもの言葉などは，そのままパソコンに記録していきます。またパソコンの「Ctrl」ボタンと「PrtSc（print screen）」ボタンを押すと，図 5-1 のような画面が保存できます。「Ctrl」ボタンと「V」を押すとその画像をワープロ

図 5-1　グーグルマップを利用したワーク

ソフトの文書上に貼りつけることができます（Windows の場合）。画像の不要な部分が気になる場合はトリミングするとよいでしょう。これらの写真を貼りながらワークを進めていくと子どもがさまざまなことを想起し，「物語」が自然な「語り」として出てきます。「この道の先に，確か友達の家があった気がする」「そうそう，ここで，よく友達と遊んでいた」などです。これらの「語り」を傾聴していき，実施者が意図的な質問を交えながら子どもを主体として進めていくことも 1 つの方法です。

6. 写真とビデオなど

　小さい頃の記憶をたどるのはなかなか難しいものです。実際に 2 歳以前の記憶をもっているという人は多くはないと思います。
　自身の「記憶」がない場合に重要になってくるのは「記録」です。これは，場合によっては，「写真」「ビデオ（動画）」「日記」などになります。写真やビデオは，最もリアリティが高いもので，先ほどの「証し」のように非常に有効なツールとなります。また，それらを補うものとして考えられるのは，「他者の中にある記憶」です。これは，その時代をともにした人の中にある「物語」となります。例えば，「あなたは，2 歳のときによく泣いていたのよ」「ひたすらよく眠っていて大人しい子どもだったよ」などのエピソードとして語られます。この「語り」に，実際に泣いている場面や眠っている場面の写真，ビデオ（動画）などがあると，より鮮明にそのときのイメージが生まれてきます。時にこのような記憶は，それぞれの人の中で違いを生じさせ，さまざまな「物語」として語られることがあります。例えば，誕生日ケーキを囲む家族が写っている 1 枚の写真があったとします。ある人は，「このときのことをよく覚えているよ，この後，ろうそくを吹き消すときに，弟が割り込んでろうそくを消して，姉が怒って叩き合いの喧嘩をして誕生会が台無しになった」と言い，別の人は「いや，このときは，ろうそくを消そうとして手をついたらケーキを潰してしまって，それで大泣きしたんだ」と言い，別の人は，「それは，別の誕生日のときだ」と言います。一体どれが本当かは当時を知る人たちの話が違うために定か

になることはないかもしれませんが，このような「語り」はとても意味があるものとなります。本人が自覚していない「物語」を，他の人が知っていること，自分の過去を一緒に過ごした人が現在にも存在することに，表し難い安心感や「物語」の連続性を感じるきっかけにもなります。自分の昔を知る人から，「昔，君が小さかったときに……」という話が始まったら，「また，昔の話か……」との思いがありつつも，否定する気にはなれないのではないでしょうか。それらは，「写真」などの記録の媒体がない場合でも，突然日常の中で始まります。

　社会的養護下の子どもたちにはこのような場面はあまり多くありませんが，過去を知る人の語りや，過去の写真を見ながら，肯定的な推測を大人と語ることなども有効的な方法となります。アルバムの整理をするときや，アルバムを見返すときには，当時を知る人とともに語られる「物語」を味わうことをお勧めいたします。

7.　母子手帳

　社会的養護のケースは母子手帳を紛失している場合や記載がない場合があります。また，保護者が母子手帳を受け取れない場合もあります。母子手帳は，その当時の母子の状態を記載するもので，妊娠から出産の様子を知るための貴重な情報となります。家庭から分離する際には，母子手帳や出産直後の写真などの資料を丁寧に探してもらうことを説明する必要があります。特に，出産の時刻や，生まれた病院などの情報は子どもの人生の原点となりますので母子手帳がない場合や記載がない場合でも，さまざまな方法を用いて収集する必要が求められます。また，母子手帳がない場合や記載がない場合などは，その理由を尋ねることも必要です。

　私自身が探し出した母子手帳は，へその緒と一緒に保管されていましたが，詳細の記載がない状態であるばかりか，破けて，クレヨンで落書きがしてある状態でした。このことについて確認をすると，「3番目で，年子でとてもじゃないが，手帳に記入をする余裕はなかった」「それでも一生懸命育てた」という話に当時の状況を想像することができ，自身の中で納得

を得る機会につながりました。

8. 「情報」について

ツールの最後として重要なのは「情報」になります。これはさまざまな視点の情報になりますが，下記のようなことが考えられます。

①子どもからの情報
②実親や家族からの情報
③関係者からの情報（学校や保育園，幼稚園などの関係機関）
④客観的な情報（行政などの公的な記録など）

1つの情報に固着するのではなく，さまざまな情報を収集し，それらを集約しながら，過去に起こったことを多角的に検証して見立てる必要があります。

図5-2のように，過去に起こった出来事の事象だけにとらわれるのではなく，さまざまな情報を集めていきながら，その当事者の立場やそのときの状況を違った観点で考えていくことが必要になります。記録に記載してあることがすべての事実ではなく，また，当事者から語られたものが実際に起こったすべてではない場合もあります。さまざまな情報を収集し，収

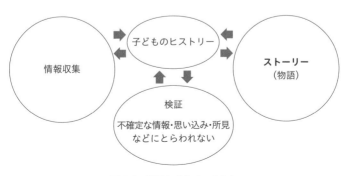

図5-2 物語を考えていくこと

集したものをその経緯とともに丁寧に伝えていく作業が重要になってきます。

9. アセスメントシートについて

　ツールの最後は，アセスメントシートです。これは，山本ら（2015）の「ライフストーリーワークの実施前確認シート」と才村ら（2016）の「ライフストーリーワーク開始にあたってのチェック項目」などをもとに，必要な情報を収集し実施についてのアセスメントができないかと考えて作成したものです（図5-3：pp.117〜123）。記入欄が多いのは，ライフストーリーワークを実施するにあたって検討が必要な項目を確認しながら記入できるようにするためです。当然すべてを記入することができない場合もありますが，できる限り記入ができるように情報を収集し，検討と調整を重ねていくことでワークの実施に深みが出てきます。日常生活の支援の積み重ねとライフストーリーワークは連続しています。第3章でも述べてはいますが，ライフストーリーワークの実施をセッション型に限定するのではなく，状況に応じて実施の方法を考えていくとよいです。

　情報を収集し，あらためてケースの概要を知ることからスタートを切り，子どもが歩んできた世界を鑑みることで，ケースに対しての姿勢と，互いの関係性がよい方向へと変容する一歩となります。アセスメントシートの目的は，実施をするかしないかではなく，ケースに対して，どのような支援の方法があるのか，どのような実施の方法が可能かを前向きに検討できることです。176ページにも付録として載せていますので，実際にケースをイメージして，まずは記入してみることから始めて具体的に実施を検討してみるのはいかがでしょうか。

ライフストーリーワーク・アセスメントシート

令和 2 年 3 月 22 日現在
記入者　　三石　　通

ふりがな 児童氏名	こうし　たろう 合志　太郎	性別	（男）　女
児童の生年月日・現年齢	平成 19 年 3 月 15 日生（13 歳）中学 1 年生		
入所年月日・入所期間	平成 23 年 4 月 1 日　措置入所　入所期間（8 年 11 か月）		
入所の主訴	母親からの身体的虐待		
入所の経緯・時系列	家庭（母親宅）から⇒児童相談所一時保護所⇒施設		
	H23 年 3 月 10 日	母から児童相談所へ相談がある。学校などで落ち着かず，問題を起こす。家庭でも言うことを聞かないので，「イライラして叩いてしまう」と話している。	
	3 月 11 日	児童相談所にて来所面談。母は疲弊しており，子育てに限界を感じている様子がうかがえる。	
	3 月 13 日	児童と面談。「お母さんはすぐ怒るから嫌だ」と言っている。「家に帰りたくないとの強い訴えが見られる。同日，一時保護。	
	3 月 23 日	援助方針会議を実施。面接，心理検査の結果を踏まえ，母子関係は良好とはいえず，児童にも虐待の影響が強く見られる。家庭での生活は困難と判断し，児童養護施設の入所が望ましいと判断する。 母も同意をし，児童も同意をする。	
	4 月 1 日	施設へ措置入所。	
ジェノグラム	（ジェノグラム図：1 歳）		
	作成年月日	令和 2 年 2 月 28 日現在	作成者	担当職員 三石が作成

9.　アセスメントシートについて

家族についての情報	父：43歳。本児が1歳のときに離婚。些細なことで激高し，母や本児に暴力を振るうことがあったと母が話している。現在は大分県で土木関係の仕事をしている。離婚後は交流なし。 母：34歳。介護士として老人福祉施設に勤めている。幼いときに両親が離婚しており，母から厳しく育てられ，暴力を振るわれてきたと話している。仕事も不規則であり，生活に余裕がなく，どのように子どもを育てるかがわからないと話している。現在は，県外に在住。電話や帰省が定期的に行われている。本児が2歳のときに再婚しており，再婚相手との間に子どもが生まれている。 弟：平成31年2月に誕生。現在1歳。 祖母：母が小学生の頃に離婚し，1人で母を育てている。母が25歳のときに他界している。 祖父：詳細不明。 養父：本児が2歳のときに母と再婚している。現在，アルバイトをしながら母と生活をしている。就労は長続きしない。あまり口数は多くないが，本児のことを気にかけている。暴力的・威圧的な関わりはなく本児との関係は良好である。
本人についての情報（診断名・IQ・行動特性・服薬など）	**診断名（診断日）**　ADHD（平成29年5月診断） 反応性愛着障がい（平成29年5月診断）
	心理所見（IQなど）　IQ72。言葉での表現が苦手である。衝動性が高く集中力が持続しない傾向がある。
	病院受診・服薬　特別支援学級など　現在，まごころ心療内科を月に1回受診 ストラテラ25mg　リスペリドン　特別支援学級在籍
	トラウマや愛着障害の反応（心理所見）　母からは日常的に暴力や，「死ね」などの否定的な言葉を受けていたことにより，「どうせ，俺なんて」という自己否定的な発言が多く聞かれる。物事に取り組むことにも消極的である。
	行動特性　対人関係　人に対しての距離が近く，感情の起伏が激しい。年下に対して威圧的で暴力や暴言がある。
本人の家族に対しての思い	・母と養父が会いに来るととても喜ぶ。帰省の迎えの時間が遅れると情緒的に不安定になり，「いつ来るのかな？」と気にする発言が見られる。 ・家族に対しての思いは強い。
家族情報の混乱や認知の歪み	・母と実父が離婚したことを本児は知らない状態である。 ・養父を実父と思い込んでいる。
生育歴の中において本人が認知していない情報	・実父の情報を一切知らない。
現在の児童の状況（生活の状況・情緒・問題行動など）	・中学3年生で受験の時期であるが，本児は，家から高校に通いたいと訴えている。 ・学校を週に3日は欠席をする状態が続いている。 ・将来の展望がもてていない状態がうかがえる。 ・年下児童に対して威圧的に関わり，自分の思い通りにならないと暴力を振るう。

本人からの直接的な実施の要求とその具体的な内容	☑ ある　　□ なし　　□ 不明
	「こんなところはいたくない」「なんで施設にいないといけないんだ」などの話がある。「いつになったら家に帰れるのか知りたい」と言っている。
間接的な要求と思われる訴えや言動について	・ 夕食時のメニュー（ハンバーグ）を見て，「俺が入所した日もハンバーグだった」，ドラマを見ながら「家族ってよくわからない……」などの発言がある。 ・ 家族についての話などを担当にしてくることが増えている。
支援者の考えるライフストーリーワークの必要性	☑ すぐにでも必要である　　□ 必要である　　□ いずれ必要である □ 今は避けるべきである　　□ 必要ない　　□ わからない
	定期的に帰省がある状態で，入所の理由を理解していないことにより，母から施設に預けられたと思っている。家に帰ることを強く望んでおり，養父のことを実父と思っていることなどから，本人とのワークが必要と考えている。
ライフストーリーワーク開始の時期（望ましい時期，その理由）	関係機関と保護者への説明を行い同意を得たら本人に説明をする。令和2年7月頃。 学校生活と日常生活の安定を優先に考えると，一学期が終了し，夏休みになる頃が望ましいと考えているが，保護者からの同意が得られない場合は再度検討が必要である。
本人が把握している情報	・ 祖母が他界していること。 ・ 母の仕事が忙しいことを理解している。 ・ 養父のことを実の父と思っている。

本人視点のジェノグラム	

（1歳）

作成年月日	令和2年3月1日	作成者	本人の話をもとに担当職員　三石が作成

家族との交流	帰省（月2回）　　外出（月1回）　　面会（月0回） 電話（月4回）　　手紙（年3～4回） 贈り物（誕生日・クリスマスなど） その他（　　　　　　　　　　　　　　　　　　　　　）
	本人の様子や思いなど
	・ 定期的な帰省などがあり家族に対しての思いは強くある様子がうかがえる。 ・ 帰省のときには主に外出を中心にしている。食事も外食が中心のようである。 ・ 子どもが生まれたことに対しての複雑な思いがある。

今後の引き取りの可能性	☐ 可能である　　☑ 調整次第では可能　　☐ 不可能である ☐ 不明
引き取りが可能な場合はその時期	本人は高校進学と同時に家庭へ戻ることを希望している。母自身も引き取りを考えてはいるが，養育に不安がある様子である。引き取りに関しては，母の養育能力向上のため，ペアレントトレーニングを実施する必要がある。 引き取り可能な時期：令和4年3月31日
家族との関係性について	養父：本児は，養父のことを慕っているが，気を遣い距離を置いて関わっている様子がある。「何を話していいかわからない」と話している。 実母：受け止めてほしい気持ちが強く，積極的に関わりを求め過ぎている印象がある。不適切な行動で母の気を引く様子もある。 弟：家で養父や実母から身の回りの世話を受けているのを見ており，「すぐ泣くからうるさい」と話している。複雑な思いがある様子。
家族との関係性の課題	母は不安が強く，余裕がなくなると感情的になってしまうことがある。「きちんとしなければならない」という気持ちがとても強い。母が実際に行う関わりと，本児の求める関わりには開きがある。
母子手帳について	母子手帳が　　☑ あり　　☐ なし 　☐ その他（　　　　　　　　　）
	母子手帳の記載について
	実父の記載　　☑ あり　　☐ なし 　☐ その他（　　　　　　　　　） 実母の記載　　☑ あり　　☐ なし 　☐ その他（　　　　　　　　　） 居住地の記載　（御代志県生花市北中合町356-1レジデンシャル205号） 出産の状態　　妊娠期間（40週1日） 娩出日時　　　（平成19年3月15日1時50分） 分娩所要時間　（8時間45分）
母子手帳について	出産体重　　（2715g） 身　　長　　（46.5cm） 胸　　囲　　（30.2cm） 頭　　囲　　（32.5cm） 出産の場所　（生花市民病院） 分娩取扱者　（熊本花子）
母子手帳への保護者の記載について（生まれたときの感想など）	記載はなし。 母からの聞き取りでは，分娩までに時間がかかり，とてもきつかったが，生まれた瞬間に「本当に生まれてきてくれて本当にうれしかった」と涙を流して語っていた（令和元年12月23日の家庭訪問の面談にて）。
実母・実父の連絡について	実母　☑ 可　　☐ 不可　　☐ 行方不明 実父　☐ 可　　☐ 不可　　☑ 行方不明 実母の現在の居住地（御代志県生花市北中合町） 実父の現在の居住地（不明）

実父母のワーク実施の同意について	☑ 同意が可能 ☐ 同意が不可能 ☐ 調整次第では可能 ☐ その他（　　　　　　　　　　　　　　　　　　　　　）
ワーク実施にあたっての家族の協力	☑ 可能　（実母との面談を重ねていくことが必要・関係構築） ☐ 不可能 ☐ 調整次第では可能 ☐ その他（　　　　　　　　　　　　　　　　　　　　　）
家族の生育歴の聞き取りが	☑ 可能　　　☐ 不可能 ☐ その他（　　　　　　　　　）
家族との連携について	月に1回 FSW（家庭支援専門相談員）と担当職員で家庭訪問を実施しながら実母と養父との関係を築いていく。また，実母の本児に対する感情を聞き取りながら，共感を示して本児にも代弁していく。
主な実施機関と実施者	施設（担当者）　　　児童相談所（心理士） その他（　　　　　　　）
ライフストーリーのブック	☐ 市販　　☑ オリジナル　　☑ アルバム　　☑ データ作成 市販のライフストーリーブックを参照にオリジナルのブックを使用する。パソコンのデータも併用。
本人が認知していない情報を伝える必要性とその時期	☑ あり　　☐ なし 時期を検討（時期　令和3年7月，セッション24回頃）
伝える内容	・ 虐待に至る背景の説明（母の感情や状況，母の生い立ち） ・ 実父と養父についての状況の説明
本人の生まれた病院	病院名（生花市民病院） ☑ 現存　　☐ 閉院　　☐ 不明
生まれた病院の訪問	☑ 可能　　☐ 不可能
過去の生活拠点の訪問	☑ 可能　　☐ 不可能
保育園・幼稚園の利用歴・在園歴	☑ ある　　☐ ない　☑ 保育園・幼稚園（にこにこ保育園） 在園（1歳〜4歳　約3年間）
保育園・幼稚園の訪問	☑ 可能　　☐ 不可能
写真やアルバム	☑ ある　　☐ ない
写真やアルバムの取得	☑ 可能　　☐ 不可能
取得方法について	・ 実母が保管をしている。 ・ 実母に説明を行い，写真を借りてスキャン印刷して返却。 ・ 写真の場面の説明を母に尋ねる。

本人が自身の過去をどのように捉えているか（本人が抱いていると思われるストーリについて）	・自分が言うことを聞かないために叩かれて，母から嫌われて施設に預けられたと思っている。また，自分だけが家族から切り離されている感覚になっている。 ・「俺だけお父さんとお母さんの本当の子どもじゃないかもしれない」との発言がある。
施設入所の経緯をどのように捉えているか	・施設入所を否定的に捉えており，母が自ら施設に預けたと思っている。 ・児童相談所の役割については全く理解をしていない状態である。
実施者が考えるケースのカバーストーリーの内容	母自身も虐待を受けていた。子どもを妊娠したときはとてもうれしく，生まれた後も，大切に育てたいと思っていた。しかし，1歳のときに実父と離婚をして，子どもは保育園に預けて仕事をしながら頑張って子育てをしていたが，母も養父も育て方がわからず，助けてくれる人もいなくて，困ってしまい，子どもを叩いたり，激しい言葉を使うことが増えていった。しかしこのままでは子どもにとってもよくないと思い，悩んだ末に児童相談所に相談をして，児童相談所が施設の入所を決定したため，施設に入所することとなる。
アフターケアについて	家庭引き取りとなった場合は，月に1回の家庭訪問を実施しながら，本児の状況把握とフォローを行う。また，学校や地域の支援機関とも連携をとっていく。
次回の検討	ライフストーリーワークの契約を本人と結んだ後に検討を実施。

総合所見	
実施の方法と実施の回数	生活場面から離れた別棟の面会室（畳）を使用。 ワークの説明と契約。アルバムの整理・面談・年表作成・過去の訪問。 1回40分（30分面接・10分は本児の好きなものをPCで調べる） **セッション型**（月2回・土日の午前か午後に実施。夜は行わない） **日常場面**（日常の語りについては受容し面接の中で深める） **その他**（過去の生活の場所の訪問・生まれた病院の訪問） **実施回数**（合計48回・セッション型）
ワーク実施中のリスク（子どもの変化，子どもの行動化など）	日常生活場面や学校での生活が不安定になる可能性がある。また，家族に対しての複雑な気持ちが徐々に表現できるようになると思われる。実父について知ることは本人にとっても受け止めることが難しく本人の混乱が予想される。実施者（担当職員）との関係性が強まることにより，境界が曖昧になり，不適応行動にて気を引くことなども予想される。学校に行かないことや年下児童への威圧的な関わりも増す可能性がある。
実施中の支援体制	ケース担当者が実施していく。生活支援については，ユニット全体で子どもと実施者を支えていく。行動化に対しては施設全体で支援の方向性を共有して，一貫した支援を行う。児童相談所と学校とも適宜連絡をとり，月に1回は話し合いを行い情報の共有を行う。実施者とは週に1回，業務とライフストーリーワークのフィードバックを上司と実施する。

役割分担	担当職員	境界を保った生活支援とワークの実施
	ユニットリーダー	担当職員のサポート，フィードバックの実施
	施設心理士	月に1回の心理面接の実施
	児童相談所相談員	情報収集・入所理由と家族図の説明
	家庭支援専門相談員	家庭訪問と家族から成育歴，思いなどの聞き取り
	家族	入所の際の状況や感情の説明，虐待についての謝罪
	主任・施設長	施設の方針の調整と共有
ワーク実施の目標 （いつまで，どこまで）	・令和4年3月までの実施。 ・入所の理由について児童相談所からの説明。 ・実母からのそのときの状況の説明。 ・実父についての説明。 ・年表の作成とカバーストーリーの作成。 ・※本人が入所の理由と母からの虐待について状況の理解と受容ができることを目標とする。	
今後の見通し	・4月中に本人にライフストーリーワークの説明を実施し契約を結ぶ。 ・4月に1回予定を入れて面接を行う。5月からは2回実施。 ・4月中に児童相談所にて母と養父と面談を実施し，今後のケースの方向性について確認を行い，家庭訪問を定期化することについての説明を行う。また，ライフストーリーワーク実施の説明を行い同意を得る。 ・5月初旬に家庭初回の家庭訪問を実施する。 ・5月下旬に関係者にて進捗状況を確認する。	
ワーク実施のポイント	・家庭引き取りの調整と並行してライフストーリーワークを行う。ライフストーリーワークの最大の目的は，子ども自身が受けた暴力や，否定的な言葉の背景にある母の感情や葛藤などを，状況を調べながら伝えていき，最終的には，母からの説明と謝罪を調整する。 ・入所の理由について児童相談所からの説明を行う。	
その他留意点	・もともと他者との境界が曖昧なため，他児や職員とトラブルが多いケースであるが，ライフストーリーワークと並行して，生活の支援の構造も見直していく必要がある。 ・「大切にされている」と本人自身が日常生活でもワークでも感じられるような支援が求められる。そのためにも担当者を孤立させない支援体制を築いていく必要がある。 ・カバーストーリーについては，今後は実母や養父との面談の中で，具体的な話が出てきた際に再度見立てる必要がある。	

図5-3　ライフストーリーワーク・アセスメントシートの記入例

9.アセスメントシートについて

第 **6** 章

ライフストーリー

ワークの実践報告

1. 児童相談所の事例

なかよし3姉妹が"家族"を知っていくこと
―未成年後見人申立に向けて―

福岡市こども総合相談センター　山口　睦美

(1) 事例の概要

　実母から「育児疲れで虐待しそう」との相談から，長女と次女が児童養護施設入所，三女も出生後すぐに乳児院措置となりました。長女5歳，次女3歳，三女0歳から入所し，現在は長女小6，次女小4，三女小1であり同じ地域の小規模児童養護施設にて生活中です（図6-1）。

　実母，長女，次女，三女の4人世帯。3姉妹の父はそれぞれ違う男性であり，未婚で出産しています。どの男性とも妊娠後に関係が途切れており，ともに子育てをした期間もありません。実母自身も父親となる男性や子どもたちの出生について考えたくないのか，記憶が混在しているため妊娠前後の情報は曖昧でした。実母はA県で高校時代まで育ち，大学進学とともにB県に転居し，本児らを出産しました。DV家庭で育ち，高校時代に両親が離婚。高校進学と同時に寮生活に入っています。祖母に交際相手ができると祖母と距離ができ始めました。実母はそんな祖母のことを当時は祝福する気持ちでしたが「女は男で変わるんだな」「お母さんのようにはなりたくないって言ってましたけど，自分も同じようなことしてるなって」と語っています。実母は祖母と連絡はとり合っているが，すべてを話すことはできないと話していました。現在実母は，B県で出会った男性と初めて結婚しA県にて生活しています。子どもはつくらないと夫婦で話しているということで，「子どもたちには申し訳ないが，幸せです」と少し笑い

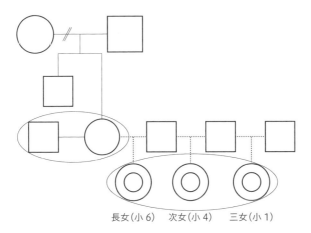

長女(小6)　次女(小4)　三女(小1)

図 6-1　3姉妹のジェノグラム

ながら語っていました。

(2) ライフストーリーワークの実践に向けて

　施設入所後，実母は児童相談所の連絡に応じることは少なく，たびたび音信不通となりました。一切交流はなく，母方祖母のみの交流が続きました。母方祖母も当初は本児らを引き取りたいという話をしていましたが何年も具体的に動くことはなく，X年には引き取りおよび養子縁組はできないと意思を明確にしました。児童相談所としては，実母や祖母は児童らを監護する親権者としての機能を遂行することが難しいと判断し，祖母の意向を確認した上で未成年後見人申し立てが必要と判断しました。その後，戸籍調査および郵便での連絡を行い，数年ぶりに実母と面接しました。夫に子どもの存在は秘密にしているとのことで時間に配慮して訪問しています。実母は「私はどうしたらいいんでしょうか？」と言うものの，子どもたちの生年月日も曖昧な状態の中で，親権辞任の意思確認および書類の記載を行いました。その後，再び訪問し，実母の生育歴および子どもたちに関する情報（出生時の状況，名前の由来，子どもに対する思い）を聞き取りました。

　児童相談所は支援方針を施設の担当指導員と共有しつつも，当初は未成

年後見人申し立ておよび児童らへの告知については慎重な意見を述べていました。実施に向け児童相談所と施設で「ライフストーリーワーク実施前確認シート」（山本・楢原・徳永・平田, 2015）を作成しています。

　実施の主体は児童相談所，アフターフォローを施設としました。3姉妹一緒に同じ空間で同じ内容を聞く場面を基本として構造や役割分担を検討した結果，資料準備および進行は担当児童福祉司，同席者は担当児童心理司3名，担当指導員2名，施設の心理士1名の計7名の体制をとりました。1回につき1時間〜1時間半をとり，①担当指導員から児童らのGoodエピソード，②本日のテーマ，③担当児童心理司との個別セッション，④おやつタイム・感想の流れとしました。場所は児童相談所にて，月1回のペースで行い，児童の様子を見ながらの進行とするため，回数を決めずに始めました。また，実施後は施設心理士の面接を行うなど，生活場面でのフォロー体制も確認しました。

(3) 実施経過

　本ケースへのライフストーリーワーク実施に至るまでにはさまざまな経過がありましたが，ここではセッション導入から紹介します。

　児童相談所から施設側に，親権辞任および未成年後見人申し立てを行う支援方針を見込んだ実母および母方祖母の調査を実施することを伝えました。また，実母訪問前に児童らから，母に関して気になることを尋ねました。児童らの疑問はさまざまであり，「ママの顔が見たい」「ママって優しいのかな」「なんで一緒に暮らせないの？」「ママは今どんな気持ち？（子どもと一緒に暮らせないこと，前まで1人で暮らしてたけど夫ができてどんな気持ち？）」「ママは今何をしているの？」「お腹が痛い病気で3人を預けたけど，本当に病気だったの？　何をしてたの？」「早く一緒に暮らしたい，施設に来てほしい」「ママの生活はどんな感じなの？」とさまざまな質問が出ました。母の記憶のある長女は表情が硬く，母との記憶がない次女や三女は“お母さん”という存在を感じることだけでもうれしいかのように無邪気に質問を出しました。「母と会いたい？」との質問には，長女は「考え中」と硬い表情をし，次女と三女は「会いたい」と即答していま

す。また，次女と三女は手紙を書くと言い，一生懸命に飾りつけをしていました。長女はそんな2人の様子を見ながら，手紙は書かないが，2人の書いた内容を指摘するなど一緒に取り組んでいました。担当指導員は，子どもたちが母と会えるかどうか確約できない状況，引き取れないことがわかっているにもかかわらず，こういった場を設けることに当然疑問を示されました。担当児童福祉司としては，未成年後見人申し立てという措置に関る支援方針が契機ではありますが，家族のことを知ることや母との面会の実現は，子どもたちにとって重要であるため可能性があるのであれば挑戦してみたい気持ちで提案を続けました。施設側の意向も理解できるものの，法的責任を遂行できる支援者の確保は早い方がいいため，何年も現状維持というわけにはいきませんでした。この点に関しては，施設職員にも理解していただき，実施にあたって最大限の協力をいただくことができました。

1）事前協議：ライフストーリーワーク実施に向けて（X年11月）

児童相談所担当者，担当指導員が集まり「ライフストーリーワーク実施前確認シート」を使用し，配慮事項や内容について協議しました。

2）面接の流れ

面接1回目：ライフストーリーワーク実施の説明および意向確認（X年12月）

ライフストーリーワーク実施に関する説明と子どもたちの参加意向の確認を行い，同意がとれた上で，母と面会できたことを報告しました。母の写真を見せると，母の名前を初めて知ったという次女と三女は興奮したように見ており，長女は「前と変わってない，老けた」と言いました。母への質問として「もう子ども生んで欲しくない」「今でもお腹痛いの？」「あと何日で一緒に暮らせるの」と核心と思われる質問が出ていました。その後，担当児童心理司との個別時間を設け，子どもたちの状態や理解について確認を行いました。次女は一緒に暮らせない理由として「旦那さんがいるから暮らしていいと思ってると思うけど，自分たちが行ったら，なんで一緒に暮らしてないの？　今まで捨てとったと？　と言われるからだと思う」と母の事情をすべて言い当てたかのようなことを語っていました。また，「本当の家族だったら楽しいだろうな」，今は「本当の家族じゃない人

と暮らすのがストレス」と語る姿も見られました。3姉妹それぞれがもつ性格傾向，実母や家族への思いや理解を垣間見ることができた回となりました。

面接2回目：母の生い立ちと家族構成（X＋1年1月）

　基本的には，ホワイトボードを使用して進行を行いました。今回は，母子それぞれの生い立ちを年表形式で説明し，また，九州地図を用いて登場する土地の説明を行いました。その後，ジェノグラムを作成。ジェノグラムを説明する前に，子どもたちそれぞれのイメージする自分の家族構成をつくってもらいました（画用紙，人物イラストを使用）。三者三様の家族ができあがり，理解度を確認した上で本当の家族構成を説明。3姉妹にとって大きな衝撃となる事実は，父親となる男性が全員違うことでした。説明後，個別での確認時間を設けました。長女は「疲れた」と息を漏らし，「びっくりした」と繰り返しました。「もし今の旦那さんとママの間に子どもが生まれたら，その子は○○（母の現姓）になるの？」「その子も施設に来るのかな。だってきょうだいだよね。きょうだいなのに1人だけ○○（母の現姓）って変な感じがする」と驚きやショックをやや興奮気味に表現していました。次女は「こんがらがった」「自分たちは1人のパパから生まれたと思ってた」「びっくりした」「(現夫と) 子どもができたら，ママは自分たちのママではなくなるの？」と新しい子どもが生まれることへの不安が示されました。さらに，結婚していないのに何で生まれたのか，という疑問も語ったりもしました。法的なこと，"生と性"という根本的な疑問が出されたため，次回以降に回答することにしました。最後には担当指導員からは，「みんなのことは家族だと思っているよ」と伝え終了しました。

面接3回目：社会的養護の仕組み（X＋1年2月）

　2回目の面接の後に出された疑問に答える回としました。結婚していないのに子どもが生まれることや，三女からは，「乳児院時代の担当職員は誰から生まれたの」など2回目の面接後には色んな疑問が出ていました。児童相談所（担当職員）で事前に回答案を作成し，関係者で共有，また，未成年後見人申し立ての前準備という意味も込めて，社会的養護の仕組み

についてイラストの紙芝居形式（児童心理司作成）で説明しました。その中であえて"親権"という言葉を使って説明することで，今後知ることとなる未成年後見人について意識してもらえるようにしました。また，婚姻届など実際に使用される書類を見せながら，結婚についても説明しました。

面接4回目：名前の由来・入所理由（X＋1年3月）※児童心理司より前回のフォローとして"3つの親"の説明資料等を提示

　入所理由を，当初祖母から「お腹が痛い病気で母が入院したから」と聞かされたままであったため，X-1年に母方祖母からあらためて正しい入所理由を説明してもらっていました。しかし，子どもたちが忘れていたため，あらためて児童相談所として把握している入所理由を子ども向けに説明しました。その後，実母から聴取した3人の名前の由来を伝えました。初めて自分の名前の由来を聞き，姉妹それぞれの由来に関心を示しうれしそうな様子を見せました。また，母の思いとして「3人にはとにかく幸せになってほしい。3人で助け合って仲良く生活してほしい」と言っていたことも伝えました。一見，無責任な言葉に聞こえるが，言葉1つでも大人の判断で子どもたちに伝えないままにしておく理由はないと考え伝えることとしました。

面接5回目：入所経緯（X＋1年4月）

　3人にとっての"お母さん"について聞いてみると，現在の担当職員をお母さんだと表現したり，愛情をくれる人・育ててくれる人・きれいな顔の人と一般的なイメージを回答する子もいました。振り返りも兼ねて，生い立ちや入所経緯について「児童相談所と施設が調べてわかったことをお話しするね。今からお話しすることは本当のことだけど，お母さんのことで全部わかってないところもあると思う。今，私たちが知っていることを伝えるね」と説明を行いました。出生場所など盛りだくさんの内容となったが，姉妹は互いについて知らない事実もあり互いを知る機会にもなりました。三女出生のことを知らなかった長女と次女が，三女が同じ施設に入所してきたときに「まだ妹いたの」と驚いたことや，三女を「かわいかった」と言っていたエピソードが語られました。三者三様の反応を見せるが，次女と三女は理解できない部分も多かったため，個別時間の際に理解度を

確認しました。姉妹からは，母は元気に暮らしているのか，「1回でもママに会いたい。大人になると小さい頃のことをどんどん忘れてしまいそうだから」「ママのことをもっと知りたい。自分たちを預けた理由でも，児童相談所に伝えてないこともあるんじゃないかな」と記憶が薄れることへの不安も語られました。「(現夫は) どんな人だろう」と母に暴力をしない人か優しい人かを知ることで母がうまく生活できているなら安心できると話す様子は，実母がかつて祖母に思ったことを再現しているかのように思えました。

3) 面接のその後

　3回目の面接を実施した頃に親権辞任の手続きが完了する見込みでしたが，戸籍を確認しても手続きが未完了であったこと，また新入所児との関係性により児童らの状態が不安定になり始めたため，ライフストーリーワークを中断し，振り返りや心理面のフォローの回を重ねました。親権辞任完了および母調査・面会など進展が見られた際に再開することとなりました。

(4) 振り返り

　家庭裁判所の進捗状況を聞きながらタイミングを逃さないように始めましたが，ある段階で手続きが終わらず中断しています。確実に手続きできる状況で告知しようとしたため児童相談所としては焦りや申し訳なさを感じます。生活場面では，入所中の他児と家紋や名字の由来を調べたりして，あらためて自分の名前の由来について新たな疑問を日常生活において語っています。自分の家族への理解が進んだことはもちろん，日常生活において精神的な成長が見られる姉妹もおり，担当職員からも生い立ちの整理ができたことはよかったという言葉をいただいています。ライフストーリーワークの実施は，担当指導員と子どもの良好な関係性があって初めて実施できるものであると感じており，本事例に取り組めたことに感謝しています。

(5) 読者へのメッセージ

　ライフストーリーワークや真実告知は，自分のことは自分で知っておく，自分のことを話してもらえる，という何も特別なことではない当たり前の体験をつくる作業だと感じています。しかし，社会的養護の下にいる子どもたちには，この当たり前のことを提供してもらえない場合も多くあります。それは，児童相談所はもちろん周囲からの二次的なネグレクトなのかもしれないとさえ感じます。もちろん，子どもの状況や特性などを考えて実施する必要はありますが，やらない選択よりも，やるための選択を積極的に選びたいと思っています。子どもが不安定になる，子どもには酷だ…，さまざまな心配は当然あります。しかし，子どもの長い人生において必要なこと，自分自身が本人だったら何を知りたいかを考えたときに，支えてくれる大人がいるのであれば当然知りたいと考えるのではないでしょうか。私たちが向き合う覚悟をもち，少し動けば，子どもは大きな事実を発見でき，自分を知ることができます。そして，自分という形を自分で形成し生きていくことができると感じます。どんな境遇の子どもであっても，自分の誕生日やお祝いのときには，「生まれたときはこんなんだったね」「保育園のときにこんなことあったよね」と毎年聞かされたりして，笑って話すことが当たり前の時間を過ごせるような日が来ることを願っています。

1.　児童相談所の事例

2. 乳児院の事例

保護者の行方がわからず出産時〜入所 までの情報把握が困難だったケース

鹿児島「かのや乳児院」　軀川　恒

(1) 事例の概要

　ゆめちゃんの実母は療育手帳（B2）を所持していて，なかなか定職に就かない実父とともに，経済的に困窮しているという背景がありました。両

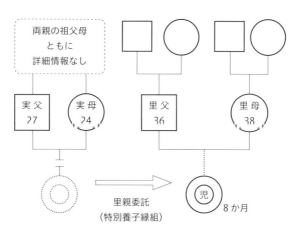

図6-2　ゆめちゃんのジェノグラム

子ども（ゆめちゃん・8か月・女児）
実父（27歳・アルバイト），実母（24歳・無職）
里父（36歳・会社員），里母（38歳・会社員）
主訴：養育放棄（被虐待認定あり）

親が妊娠に気づいたときには，もう中期を過ぎていたこともあり，ゆめちゃんを産む決意をしました。保健センターが関わり始めて，世帯の状況を危惧した保健師が，児童相談所に情報提供した後に，担当児童福祉司との連携で継続的に家庭訪問などを続けていました。ようやく出産はしたものの，産院では両親ともゆめちゃんのお世話を全くしようとせず，ほとんど助産師や看護師に任せ切りでした（図6-2）。

　医師も児童相談所も保健師もこの時点で退院後のゆめちゃんの育ちを不安視して乳児院利用を提案しましたが，両親は「自分たちで育てたい」と介入を拒否しました。退院後も関係機関は育児支援や家庭訪問などでフォローしていましたが，入院費用も未払いの状態で家財道具を残したまま両親とゆめちゃんは突然姿を消してしまいました。

　担当児童福祉司や保健師がその行方を追うものの何もわからない状況が続いていたところに，しばらくして県外の児童相談所から照会があり，それまで関わっていた本県の児童相談所に親子の行方についての連絡が入りました。どうやら両親は友人を頼って県外に行き，その友人宅にゆめちゃんを残したまま立ち去ったらしいのです。両親とは全く連絡がつかないため，一旦は県外の乳児院に緊急一時保護されていたゆめちゃんは書類の手続きなどが整った後にケース移管され，住所地である県内の当院に一時保護されることになりました。

　担当児童福祉司は引き続き両親の自宅を訪ねたり電話やメールをしたりしていましたが，全く連絡がとれない状況が続きました。両親からの連絡がない状況では入所の同意もとれないため，対応は困難を極めました。一方でゆめちゃんはミルクもよく飲んで，スクスク育っていました。

　状況的には完全な養育放棄という扱いになり，里親委託も視野に入れたケース検討がなされましたが，2か月ほどが経った頃に担当児童福祉司の粘り強い働きがついに実を結びました。住民異動はしていなかった両親の自宅に必要書類と一緒に何度か送っていた手紙に反応があったのです。どうやら荷物をとりに戻った両親が児童相談所からの手紙に気づいたようで，送られてきた両親からの封筒の中には自分たちがゆめちゃんを育てられないことやゆめちゃんの幸せのために誰かに託したいことなどが書かれてい

2.　乳児院の事例

135

て，一時保護や入所の同意書と一緒に署名・捺印された里親委託の同意書も入っていました。児童相談所と乳児院で検討した結果，これを機に里親選定がなされ顔合わせの後に特別養子縁組を希望する里親さん夫婦との交流が始まりました。

(2) ライフストーリーワークの実践に向けて

　乳児院からは家庭に帰る子ども，児童養護施設に措置変更される子ども，里親やファミリーホームに行く子どもなどがいて，また次の養育者や環境もそれぞれ異なることから育ちをつなぐ先は子どもの数だけ多岐にわたります。家庭と違って私たち乳児院職員と子どもたちが一緒に過ごす時間はたかだか数か月～数年ととても短いものですが，その濃密な時間は子どもたち一人ひとりが生きていく基礎となり，これからの人生を左右するほどとても重要な意味をもつ期間です。

　自分の言葉ではまだうまく表現できない乳幼児の未来の気持ちに思いを馳せ，その気持ちを代弁し，ずっと隣にはいられない立場であるからこそ「ちゃんと伝える」ことが大切であると考えています。

　実はこれから紹介するツールにたどり着くまでに，里親さんや保護者からのさまざまなヒントがありました。例えば里親宅への外出・外泊開始前に家の外観や部屋，里父母以外の同居家族やペット，近隣の公園やよく行くスーパーなどの写真を撮っておいてもらい，それを絵本のようにして何度か見ておくことで，初めて行く場所への子どもの違和感や緊張を少しでも和らげられるようにしていました。それを続ける中でそれまでの里親さんは，玄関・キッチン・浴室などを文字どおり風景のように撮っていただけだったのですが，別の里親さんは玄関に出勤前のスーツ姿で手をあげている里父が，キッチンにはエプロンをして調理をする里母が，浴槽にはお風呂用の玩具が浮かんでいるなどより子どもがイメージしやすい写真を撮ってくれていました。本当の意味で子ども目線に立つというのはこういうことかと痛感させられる経験でした。

　そういった流れなどを受けて，現在当院で次の養育者に子どもの育ちをつなぐためのライフストーリーワークのツールとして全児童を対象に作成

している「つなぐアルバム」と「Telling絵本」をそれぞれ紹介したいと思います。

1）つなぐアルバム：2014年〜

　乳児院では，これまでも個人アルバムはつくっていましたが，個人情報保護などのこともあり，綴じられる写真は子どもが1人で写っているものがほとんどでした。子どもに渡すアルバムのあり方を見直したいという声が上がったちょうどその頃に，国立武蔵野学院の「育てノート」「育ちアルバム」（社会的養護における「育ち」「育て」を考える研究会，2011）に関する研修を受けたことが作成のヒントになりました。子どもが過去の育ちを振り返るためにつくられたそれらが未来の育ちにつなぐためにも使えるのではないかと考え，職員間で内容の検討に入りました。

　時を同じくしてこんなエピソードが続きました。1つは当院から児童養護施設へ，その後に里親委託された男性で，結婚してもうすぐ子どもが生まれるものの複数の措置変更や引っ越しなどで自分の幼少期の写真を紛失して1枚も残っていないが，生まれ来る我が子と幼い頃の自分の顔を並べて見てみたいというものでした。もう1つは当院から里親へ特別養子縁組された女性で，思春期にそのことに気づいたときに里親に尋ねてもはぐらかされ続け，小さい頃の写真も「失くした」といって見せてもらったことがない。近々結婚することになったが，自分のルーツのところが埋まらないと将来的に果たして自分が母親になり切れるのかという不安がとても大きく，これまで育ててくれた里親には不信感しか残らないというものでした。

　両方とも当院を退所していった大人たちからの問い合わせで，どちらも早くに里親のもとに行けたけれども何となくそのことに触れられない，あるいは知らされないまま，大人になってしまったという共通点がありました。もちろん里親さんたちが意図的に隠したというよりも今ほど里親制度や真実告知，子どもたちの知る権利，アドボカシーなどへの意識が高くない時代であったがゆえのことかと思います。

　そのお2人には当院に残っていた写真やデータから新しくプリントしたものと当時を知る職員からのメッセージや育成記録の一部を郵送・手渡し

2. 乳児院の事例

で届けました。お2人とも幼少期の自分に写真で会えたこと，また記憶には残っていないけれど自分のことを大切に思ってお世話をしてくれた人がいたことなどを再確認できて心の底から喜んでいるように感じましたし，後日とても丁寧なメールやお手紙でお礼や気持ちの変化などを送ってくださいました。お2人の自分のルーツに対する切実な思いと，当たり前のように家族と暮らして普段はそれを気にせずにいられる私たちとのズレを強烈に突きつけられた瞬間でした。

　つなぐアルバムに話を戻します。つくりはいわゆるA4サイズの書式にコメントを書いたりイラストを描いたりした用紙をリング式のクリアフォルダに入れるものです（図6-3）。加除式にすることで量の調整も可能になりますし，写真も用紙に直接プリントや糊づけするのではなく，四隅にコーナーポケットを使用することで簡単に取り外せるようになっています。これは小学校で行われる「生い立ちに関するカリキュラム」の際などに写真だけ持って行けるようにという工夫です。

　書式には以下のようなものがあります。乳児院の建物の写真・住所・連絡先，担当養育者の名前，3か月ごとに区切られた育ちの様子，行事写真，初めての〇〇シリーズ，身長や体重の表，病歴，家族や里親との交流の様子，工作などの作品集，関わった全職員とそれぞれ一緒に撮った写真を入れています。職員のコメントの他に家族や里親に記入してもらうページも

図6-3　アルバム

ありますし，里親委託される子どものものには実親にも趣旨を説明した上で可能な限りコメントや写真を入れるようにしており，「実親フェイスシート」への直接筆記あるいは聞き取りによる代筆などにより名前の由来・好きな食べ物・嫌いな食べ物・好きな色や風景・趣味などを記入します。実親に関する写真やフェイスシートは里親に尋ねた上でアルバムに綴じ込んだり別封筒に入れたりして，子どもに見せるタイミングは任せるなどの配慮もしています。

2）Telling 絵本：2015 年〜

　乳児院にいるすべての子どもたちは，子ども自身ではなく家族や家庭の何らかの事情でやむを得ず入所してきており，また自分がなぜそうなったのかを，ほとんど知らないままで育っていくことも少なくありません。そして，次の養育者につなぐ立場である私たちはずっと一緒にいられないからこそ，たとえ確かな記憶には残らないとしても，当院から巣立つ子どもたちに「育ちそのもの」を伝える術をきちんと形にしたい，と思っていたことで作成を始めました。乳幼児が対象であることから，入所・退所・措置変更・里親委託などの決定はすべて大人側がしていますが，少なくとも「施設入所・退所」「里親委託」「まだ今はおうちに帰れない」「児童養護施設へ措置変更」などに関する子どもたちの「なぜ？」を，それぞれにわかる範囲できちんと伝える責務があると強く感じたのです。内容は，①実親に大事にされたからこそこの世に生を受けたこと，②理由があって乳児院に入所したこと，③いっぱいの愛情を受けてスクスク育ったこと，④次の行き先が見えてきたこと（家族の状況が落ち着いた，里親さんとの交流が始まった，措置変更先の児童養護施設が決まったなど），⑤次の場所に向けて巣立つこと，と大きく 5 つのパートに分かれています（図 6-4，6-5 参照）。

　ベースになる文章はありますが，家族・里親・施設の状況や子どもの月年齢に合わせて職員間で話し合いながら，使う言葉や言い回しなどの内容を精査しますし，この表現でよいかどうかを，乳児院が引き継ぐ次の養育者である実親・里親・施設にも可能な限り確認しながら推敲を重ねて作成します。読み聞かせは施設の心理士・担当養育者・実親・里親など子ども

第6章　ライフストーリーワークの実践報告

△△ちゃん　のおはなし

おかあさんのおなかのなかには，あかちゃんがねむっ
ています。
このあかちゃんは，△△ちゃんです。
おかあさんが，おなかのなかの△△ちゃんをだいじに
まもってくれたおかげで，△△ちゃんは元気におなか
のなかからうまれることができました。

図6-4　Telling 絵本①

そんなとき，パパとママが「△△ちゃんとなかよくな
りたいな。」といってくれました。
パパとママは，△△ちゃんにたくさん会いにきてくれ
ました。●●ちゃんや■■にいちゃん，◆◆◆ちゃん
もたくさん遊んでくれました。★★にいちゃんとも，
会ったらきっとなかよくなれるでしょう。△△ちゃん
にすてきな「かぞく」ができました。

おねえちゃんになった△△ちゃんは，これからかぞく
とおうちでくらします。これからはパパとママが，△
△ちゃんをずっとだいじに育てて一生懸命まもってく
れます。
△△ちゃんに「かぞく」ができたことが，かおりちゃ
んやちゃーちゃんたちはみんなうれしいです。
よかったね！おめでとう！
　　　　　　　　　　　　　おわり

図6-5　Telling 絵本②

の状況に合わせて実行する人・順番・回数・実施時期を細かく検討しながら行います。それにこだわることで，子どもたちへの伝わり方が大きく変わってくることを，これまでの経過で学んだからです。子どもによって反応も違い，前半の乳児院メインの部分では，ニコニコとゆっくり見ていたのに後半になると急いでページをめくる子，実親や里親が登場すると絵本中の写真と実際に隣にいる大人たちの顔を交互にじっくり眺める子などさまざまです。その反応を見ながら再協議して実行する人・順番・回数を検討し直した上で，次の実施につなげています。

(3) 実施経過

　ゆめちゃんの場合は，県外の乳児院→当院→里親との交流の様子に関しては素材があるものの，実親とはその後も連絡がとれない状況であり，写真やエピソード記録などが欠落している状態でした。今回ばかりは先述した当院の2つのツールの構成を練り直す必要があるのではないか，ルーツの根幹となる肝心の「実親のこと＝始まりの部分」がない状態で果たして作成できるのかなど，院内でカンファレンスを重ねて児童相談所の担当児童福祉司にも相談しました。その中でふと「ゆめちゃんが生まれた産院はわかっている」ということに気づいたところから事態は一変したのです。

　当院のライフストーリーワークへの取り組みについてはこれまで児童相談所にも伝えていたこともあり，まずは担当児童福祉司から産院へ事情を伝えてもらった後に，当院の里親支援専門相談員と心理士で産院を訪ねました。出産時に取り上げてくれた医師や助産師，病棟の看護師がこちらの説明にとても熱心に耳を傾けてくださり「そういうことなら」と快く協力を申し出てくださいました。

　出産後もゆめちゃんと積極的に関わろうとはしなかった両親でしたが，医師や助産師の助言で授乳・抱っこ・沐浴などをしたときのことを教えてくれ，そのときの様子を撮った写真を出してくださったことで乳児院職員は誰一人として顔を見れていない両親の姿を確認することができました。これは致し方のないことですが，病院側の個人情報保護規程により両親の写っている写真を見せることはできるが，同意がとれない現状ではコピー

を渡す・撮影などはできないとのことでした。

　しかし，その他に大きな収穫がありました。「つなぐアルバム」の中に「子どもを産んだときの気持ち」や「初めて会ったときの一言」などのページがあり，両親の代わりに医師や助産師がその部分に文章を書く・写真を掲載することを了承してくださいました。そのときに撮った皆さんの写真と後日郵送で届いた用紙に書いてあった温かい言葉に，乳児院職員も里親さんも感動ひとしおでした。

　すべてではないけれども欠落していた部分が埋まり，里親さんのアイデアも取り入れながらその後の「つなぐアルバム」や「Telling絵本」の作成はとても順調に進みました。ゆめちゃんは退所のときにちょうど1歳になっていました。アルバムを一緒に見たり，読み聞かせをしたりするときに月齢的にもさすがに真剣に見入ることはありませんでしたが，関係者が力を合わせてつくった世界に1冊だけの作品を何年か経った頃に親子で一緒に何度も見返して，心が温かくなってもらえたらと切に願っています。

(4) 振り返り

　子どもの月年齢が高ければ高いほど結果的に内容や事態がより深く伝わることになるので，作成や読み聞かせには慎重を期すことになります。「ちゃんと伝える」ことは，子どもにとって「慣れ親しんだ人や場所とのお別れ」を突きつけるということでもあります。この読み聞かせに関して，時には「こんなに小さな子どもに理解できるんですか？」と質問されることがあります。当院では乳児を含む全児童を対象として実施していますが，この場でそのときに子どもたちに理解してほしいとはもちろん考えていません。しかし，これを手元に残しておくことで「真実告知」など来たるべきときに伝えるツールの1つとして使えると思います，とお答えしています。また，子どもたちの日常生活でともに過ごした乳児院職員以外にもお世話になった児童相談所職員や小児科医，リハビリ病院のPTやOTなどにも趣旨を説明して協力を求めています。保護者によっては，なかなか真意が伝わらず協力を得にくいこともありますが，「そのためにこれだけ力を尽くしたんだよ」という熱意はきっと子どもたちに伝わると思っていま

す。

(5) 読者へのメッセージ

　乳児院の入所児童であれば，振り返るのもたかだか数年ですが，例えば児童養護施設で入所歴が長い子どものこれまでを振り返るには，膨大な気力や時間が必要になります。乳児院の乳幼児には言葉で伝え切れない分，ビジュアル的に伝わるようなものを意識しています。残念ながら私たちには，0～2，3歳くらいまでの明確な記憶はないといわれています。そのときの状況や感覚・匂い・気温など色鮮やかに覚えているつもりのエピソードも，実は家族やきょうだいから聞いたりアルバムで見たりした補完的なものでしょう。しかし，大切なのは，それが事実か幻かということなんかではなく，それを知っている誰かがきちんと私たちに伝えてくれたということなのではないでしょうか。乳児院や児童養護施設・里親のもとで暮らしている子どもたちには生んでくれた親が確かにいて，でも何らかの事情で今はそばにいられません。そんなときでも子どもたちのそばに，育ちの中でつらかったこと，悲しかったこと，楽しかったこと，うれしかったことなど，子ども自身の記憶からは抜け落ちてしまっているさまざまな出来事を，言葉や写真・動画などを一緒に見ながら語って聞かせる職員や里親さんがいます。家庭ではあえて意識しなくても日常生活の中で自然に行われている営みですが，子どもたちがなぜ生まれ，なぜ今ここ（施設や里親のところ）にいるのかなどを「ちゃんと伝える」ことが，子どもたちのこれから生きていく上での確かな支えとなり得ると思うのです。

2.
乳児院の事例

3. 児童養護施設の事例①

気持ちを言葉にできるように

福岡「若葉荘」　河野　愛梨

(1) 事例の概要

　Aちゃんは，海沿いにある小さな私たちの施設に小学6年生のときに入所してきました。私を含め3人の職員が担当する小規模ユニットにて，Aちゃんは生活をスタートすることになりました。入所したばかりのAちゃんはとても大人びていて，私たち職員にも，入所している他の子どもたちにも一線を引いて過ごしていました。「一緒に遊ぼう！」と優しく声をかけてくれる他の子どもたちにも「いえ，私はいいです」と断り，部屋で過ごしました。Aちゃんの使う日用品をAちゃんが好きな色で揃えてあげたいと思って，職員から「何色が好き？」と投げかけてみると「何でもいいです。余ったものでいいです」と遠慮してしまいます。本当は家族と離れ，新しい環境のもとで不安でいっぱいなはずなのに，Aちゃんは必死に虚勢を張っていました。

　そんな様子のAちゃんも，他の子どもたちの温かい関わりと，私たちの粘り強い関わりもあってか，しばらくするとすっかりなじんでくれました。そうするとAちゃん本来の子どもらしい姿が見えてきたのです。最初の様子とはうって変わって，明るく，男の子に混じってサッカーをするほど活発で，実は大のピンク好きで，とても笑顔のかわいい子でした。そして，何よりAちゃんは，とにかく優しいのです。職員が少しでも難しい顔をしていると「先生，どうしたの？」と心配してくれ，職員がたいへんそうな

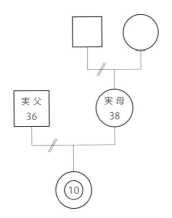

図6-6　Aちゃんのジェノグラム

作業をしている様子があれば「先生，手伝おうか？」と言ってくれました。職員が他の子どもたちを「喧嘩に発展しないかな？」と気にして見ていると，職員の方を気にしながらAちゃんが仲裁に入ってしまうのです。このAちゃんの優しさ，他の人の表情をいち早く感じ取る力は，誰もができることではない，Aちゃんのよさです。ただ一方で，職員にとって気になるところでもありました。「先生たちのこと，そんなに心配しなくて大丈夫だよ」と言いたくなるようなときがあったからです。

　Aちゃんが入所となった理由はネグレクトでした。Aちゃんが小学校4年生になるまでは父母と一緒に生活していました。Aちゃんの母親は知的能力が低いことから母親自身やAちゃんの身の回りの世話が満足にできず，さらに母親自身も幼少期から祖母より虐待を受けていたため，精神的に不安定な状態が多々あったのです。母親は家事などができず，父親とAちゃんで家事をしていたそうですが，徐々に父親は家を空けがちになり，父親が他に女性をつくり，家を出て行きました（図6-6）。

　2人だけで暮らすことが難しくなり，Aちゃんと母親は，不仲で疎遠であった母方の祖母のところに身を寄せることになりました。母親はさらに精神状態が悪化し，部屋に籠ることがほとんどでした。そんな様子を見て祖母はイラ立ち，Aちゃんと母親を蔑み，Aちゃんに暴力を振るうように

なったのです。Ａちゃんは「いつ祖母から怒られるか」とおびえながら過ごしていたそうです。そんな状況の中，Ａちゃんは学校に行かなくなり，児童相談所が関わることになっていったのです。そんな背景をもつＡちゃんが，周りの人，特に大人の表情をとてもよく見ることが習慣になっている理由はとても納得できました。私たち職員は，Ａちゃんが大人への気遣いなしに安心して生活できることを目標としていました。

(2) ライフストーリーワークの実践に向けて

　Ａちゃんが施設の生活に慣れてしばらくして，Ａちゃんに他の子の物を盗って壊して捨てる行動が見られるようになりました。そのことが発覚するたびに，Ａちゃんになぜしてしまったのか尋ねると必ず「イライラしていた」「嫌なことがあった」と話すのです。私たちはＡちゃんに「溜め込まないで。盗ってしまう前に，いつでも相談してほしい」と伝え，繰り返してしまわないように一緒に努力していこうと決めました。Ａちゃんの行動は，他の子の安心した生活も，Ａちゃんの居場所も失くしかねない行動なので，私たち職員はＡちゃんに盗みを繰り返させないよう必死でした。

　Ａちゃんが中学生になり行動範囲が広がった頃，Ａちゃんの放火が発覚しました。外で偶然拾ったライターを使って，盗った物を燃やそうとしたことが原因でした。Ａちゃんを連れて謝罪に走り，Ａちゃんと向き合って話しました。「なぜこんなことをしてしまったのか」「放火がどれだけ危険なことか」「人の命，人生を奪う可能性があった」「人の物を盗ってはいけない」……Ａちゃんに関わる職員が必死にさまざまな話をしていきました。それでもＡちゃんは他の子の物を盗って壊す行動を繰り返してしまうのです。職員も「どうして，やってしまう前に言ってくれなかったの」「いつも気にかけていたのに」「これだけ心配しているのに」「これだけいろいろと考えて動いているのに……」「どうして話してくれないの」……さまざまな感情が起こりました。つまりはＡちゃんにとって私たちは安心して話せる存在になれていないのです。私たちは自分たちの無力さを感じ，悔しくてたまりませんでした。それでも，私たち担当はとどまることはできませんでした。Ａちゃんのために何かをしたいという気持ちは揺るぎません。

それは，私たちが施設の職員だから，という理由だけではないのです。か
わいくて，頑張り屋さんで，周りの人に優しくできる素敵なAちゃん。一
緒に過ごす中で，Aちゃんがいるから仕事が頑張れるし，Aちゃんの優し
さに癒されていたこともあります。Aちゃんと一緒に過ごす日々の中で，
Aちゃんは私たちにとって大切な存在になっていたのです。Aちゃんには
必ず幸せになってもらいたい。そのために，できることは何でもするつも
りでした。

　そこで始めたのが，ありのままのAちゃんを受け入れることです。「言
えない」ことを「どうして言ってくれないの」ではなく，「話すことが苦手
なんだ」と私たちが認識することで，「話せるように練習していこう」と
考えることにしました。Aちゃんが気持ちを話せるように練習として取り
入れたのが「感情表出のワーク」です。児童養護施設の子どもたちには，
親に十分に受け止められてこなかった経験から自分の気持ちを言えない子
は少なくありません。入所している他の子どもとも実践しており，ゲーム
感覚で楽しくできるワークです。

　複数のワークを通して，Aちゃんも職員も，自分の感覚を言葉にしたり，
感情を表す言葉の知識を増やしたり，自分の経験を話したりしました。例
えば，ワークの1つを紹介すると，「快・不快のワーク」というものがあ
ります。内容はとても簡単で効果的な方法です。日常に溢れた場面の出来
事について尋ね，「昨日見たテレビおもしろかった」「この食べ物，好き。
好きなもの食べているときは幸せな気分」「邪魔されて嫌だった。胸の辺
りが苦しくなった」など，快・不快と感じることを話すのです。特に自分
の気持ち・体の反応はどうだったかを必ずつけ加えるよう意識するのです。
Aちゃんの感じ方，職員の感じ方に同じ部分があれば「一緒だね！　気持
ち，わかる！」と喜び，違う部分があれば「そう感じるんだね！」とお互
いの感じ方の違いを受け入れることを徹底しました。このようなワークを
通して，Aちゃんが「話しても大丈夫なんだ」と思える経験を積むことが，
いつか「大切なことを話したい」と思ってくれたときに話す力になると考
えました。それはワークのときだけではなく，生活の中でも大切にしまし
た。

（3）実践経過

　ある日，児童相談所のＡちゃんの担当児童福祉司が来て，Ａちゃんの問題行動を振り返る機会があり，「今思うことを話してきてごらん」と促して面会に送り出しました。しかし，Ａちゃんはあまりすっきりしない様子で面会から戻ってきました。その後，Ａちゃんと２人きりで話をした内容です。

　「児童相談所の先生とのお話はどうやった？　言いたいこと，言えた？」

　「話せんかった」とうつむいて，少し落ち込んだように言いました。

　「そっか。話そうと頑張ったんやね」

　「うん。話そうと思ったけど……」

　「話したいのに話せないとき，いつもどんな気持ちになってる？」

　「…きつい」

　「そうだよね。何でＡちゃんが気持ちを話せないか…何か，自分の中で思い当たることある？」

　「…おばあちゃん。何か言うと，怒られたり，殴られたりしていた」

　「そんなとき，どんな気持ちになってた？」

　「言わんきゃよかったって思った。何も言わんくした」

　「そう思っちゃうよね。そんなとき，お母さんはどうだった？」

　「…お母さんは何も。病気やけん別に」と少し語気が強くなったのです。

　「うん。…でも，本当は，Ａちゃんはお母さんにどうしてほしかった？」

　怒ったような悔しそうな表情で，でも涙を流しながら「…聞いてほしかった」と言いました。

　「そうだよね…そう思って当たり前だよ。一番聞いてほしかったのはお母さんやったろう？」

　「でも……」とＡちゃんは言葉に詰まります。

そんなＡちゃんの背中をさすりながら「ゆっくりでいいよ。上手に言えなくてもいいよ。ちゃんと聞いている」と促しました。

「うん。…家にいるとき，お母さんに言ったことある」

「どんなことを言ったの？」

「おばあちゃんが怒ったりするのが嫌だって」

「ちゃんと自分の気持ち，言えたんだね。頑張ったね」

「うん。でも…お母さん，『私に言わんでよ』って。『私が悪いん？　私がおらんきゃいいと？』って！　言われたっちゃん！」

「…違うよね。Ａちゃん，お母さんを責めたいわけじゃなかったんだよね」

「うん，違うとっ！　お母さんに何とかしてほしかった，一緒におばあちゃんの家から出たかったっちゃん……！　でも…お母さん，私が言った後，家から出て行って…何日も帰ってこんくなって……」と大きく泣き出しました。

Ａちゃんが祖母からの虐待に耐えかねて，母親の調子が悪いと理解していても，母親に必死にSOSを出した出来事だったのだと思います。その後の母親が帰ってこなかった数日が，どれほどＡちゃんに不安と後悔を与えたでしょう。

「もう帰ってこんかと思った！　私が言ったけん…お母さんがおらんくなったらどうしようって……」泣きじゃくりながら当時の気持ちが溢れ出してきていたようでした。

「うん。怖かったね。きつかったね。自分のせいって思っちゃったんだね」と背中をさすりました。

「私が悪かった…お母さんに言ったけん…おばあちゃんのこと，がまんすればよかった。私の方がおらんくなれば…私が生まれてこんければよかった……！」Ａちゃんは声をあげて泣きました。こんなに感情を吐露しながら，泣く姿は初めてでした。

私は「よく話してくれたね。こんなことをずっと１人で抱えてきたんやね。きつかったろう。話してくれてありがとう。本当によく頑張ってきたね。Ａちゃんが頑張ってここまで生きてきてくれて，ここに来てく

3. 児童養護施設の事例①

れて先生はよかったって思う。本当に，話してくれてありがとう。ここにいてくれてありがとう」とたくさん伝えました。Ａちゃんはその日たくさん泣きました。

　児童相談所の先生が話しに来てくださったことがきっかけですが，一緒に実施したワークの積み重ねが，この日のＡちゃんの話す勇気・力になったのだと思います。そこで，今回の吐露をきっかけに，Ａちゃんの過ごしてきた過去を振り返るために，一緒に思い出の地を訪ねることをＡちゃんに提案しました。Ａちゃんは快く承諾してくれました。実際にさまざまな思い出の場所を訪問する中で，母親に対する複雑な気持ち，そして自分自身の存在に対するネガティブな気持ちを抱えるＡちゃんに，ぜひ生まれた病院を訪ねようと提案したのです。Ａちゃんも了承してくれました。
　病院に着くと，産科の看護師長さんやスタッフの方が温かく迎えてくださいました。病院の方々はＡちゃんの出生当時の記録を準備してくださっており，出産のたいへんな様子，Ａちゃんのお世話の仕方を細かに看護師さんに質問してＡちゃんのために頑張る当時の母親の姿を教えてくださいました。何より，それを説明してくださる看護師長さんが必死にＡちゃんに伝えようとしてくれている姿が印象的でした。病院でＡちゃんは初めて生まれたばかりの小さい赤ちゃんを目にし「赤ちゃんってこんなに小さいの？　私もこんなに小さかったの？」と驚いて「私大きくなった！」と自分で言っていたのが微笑ましかったです。そうして，お礼を伝え，病院から出るとき，入り口まで送ってくださったスタッフの方が「いろいろあるだろうけど，頑張って。いつでも来ていいからね！」と強く握手をしてくださったのです。帰りの車の中で「自分の生まれた病院，どうだった？」と尋ねるとＡちゃんは「看護師長さんも，スタッフさんも，優しい人だった。…あの病院で生まれてよかった」とぽつりと言いました。自分を責めて「私が生まれてこなければよかったのでは」という気持ちを抱えていたＡちゃんから，生まれたことに関してプラスの言葉が初めて聞かれたのです。施設に戻ってこのＡちゃんの言葉を他の担当に伝え，担当３人で涙を流しました。

(4) 振り返り

　その後，Aちゃんは物を盗ることはあるものの，放火は繰り返すことなく過ごし，Aちゃんは私たちに，以前に比べて格段に気持ちを言えるようになりました。ライフストーリーワークは子どもの過去を整理するものですが，現在の生活も，現在の関わる大人との関係も変えてくれるものだと思います。そして，きっとこれからも一緒に乗り越えていけるものだと思います。ライフストーリーワークは，一緒にライフストーリーワークに関わった職員との現在のつながりを強めてくれるものでもあるのです。過去・現在，そして未来，子どもの人生を，主人公である子どもとともに大切に綴っていく，それがライフストーリーワークなのだと思いました。

(5) 読者へのメッセージ

　ライフストーリーワークは，特別な関わりではなく，どの子どもにも必要な，私たち児童福祉職員の当たり前の関わりだといえます。子どものペースで，子どもの知りたい事実，整理したい気持ちに，一緒に向き合っていくものです。そのことを私たちが忘れずに進めることで，きっとライフストーリーワークに取り組む子どもは，よい方向に進むことができると思います。迷うことや不安になることがあって当然です。しかし，何より，一緒にライフストーリーワークを進めた私たちの存在自体が，子どもが幸せに生きていく力になっていくと私は信じています。

3. 児童養護施設の事例①

4. 児童養護施設の事例②

たけちゃんへの真実告知

鹿児島「愛の聖母園」　山下　誠

(1) 事例の概要

　たけちゃんは，3歳4か月のときに母親の養育困難で私たちの施設に入所してきました（図6-7）。母親は，性被害に遭いたけちゃんを妊娠しましたが，当時性被害にあったことは周囲に相談できずにいました。妊娠に気づき産婦人科を受診したときにはすでに堕胎できない月齢に入っていました。そのときに保健所と児童相談所に病院を通じて相談がありました。出産しても母親は妊娠を受け入れられず，さらに精神疾患（当時通院はしていない）もあり育てられないため，たけちゃんは生まれてすぐに乳児院へ預けられることになりました。乳児院入所後，なかなか面会等はありませ

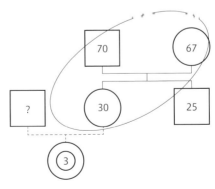

図 6-7　たけちゃんのジェノグラム

んでしたが、たけちゃんが1歳を過ぎると母親は、乳児院を訪問するようになり、少しずつ面会を重ねていきました。たけちゃんへの愛情が出てきて一緒に住みたいと思うようになってきたため、母親の希望で3歳になるとたけちゃんを引き取りました。しかし、一緒に生活するも、やはり受け入れられず手をあげてしまい、母親自ら児童相談所に連絡を入れ、養育困難ということで、たけちゃんが3歳4か月のときに入所となりました。入所後はなかなか面会等もなく、あまり連絡もとれませんでした。その間、母親は調子が悪く、何度も失踪を繰り返していました。たけちゃんが8歳のときに公園で寝ていたところを保護され、医療保護入院となりました。退院後は、グループホームに入所し、職員のサポートもあり落ち着いた生活を送り、定期的にたけちゃんへの電話や面会も行えるようになりました。

(2) ライフストーリーワークの実践に向けて

母親との定期的な面会や職員付き添いでの外出を重ね、小学校5年生になったたけちゃんから「僕もお母さんとお泊まりがしたい」という発言がありました。「たけちゃんの6年生での目標にしよう」と答え、母親のグループホームの職員とも調整して、施設の中にある家族支援室での宿泊を目指すことになりました。

母親との宿泊を実現するために母親のどういうところをサポートしていけばよいのか、グループホームの職員と連絡をとり合っていたところ、「母親はたけちゃんの出生について聞かれたら、オブラートに包んだ言い方とかでなく、ストレートに答えると思います」と言われました。

そこで施設の職員で話し合い、母親が直接たけちゃんに伝える前に、真実告知をしていくことになりました。

(3) 実施経過

真実告知はたけちゃんのホーム担当職員（指導員・保育士）と主任指導員・個別対応職員・家庭支援専門相談員・施設の心理士で話し合いを重ね、たけちゃんにとって何をどこまで伝えるかを決めていくことになりました。

1）真実告知の必要性および告知の時期

　グループホームの職員から，宿泊のときにたけちゃんが母親に尋ねたら出生のことを話すだろうと言われたことにより，母親から事実を言われるとたけちゃんのフォローはできないのではと考え，真実告知を行うことにしました。夜はどうしてもダークな気持ちになるため，昼間の時間帯で真実告知ができる日を探していきました。11月に修学旅行の代休があり，その日は日中ホームにたけちゃんだけになるので真実告知のタイミングとしてはよいのではという意見があり，その日を真実告知の予定日に設定し，話し合いを進めていくことになりました。この日は，たけちゃんとお母さんの誕生日が1月にあるため，1月に宿泊体験をもってくることで宿泊体験よりも真実告知を前にもってくることもできるというのも，選定理由になりました。

2）情報収集および家族の同意

　まずは，母親がいるグループホームに連絡をし，母親が今までたけちゃんの出生についてどのように話していたかを確認しました。また，今までのケース記録・児童票などから，たけちゃんの妊娠・出生についての母親の証言等を整理していきました。

　グループホームの施設長がたけちゃんの真実告知の必要性を理解してくださり，母親についての記録等の確認に協力してくださいました。母親は，たけちゃんの妊娠について，A県にいた頃，売春のお客さんとの間に妊娠したと，以前グループホームの職員に話をしたことがあるようでした。しかしA県にいたのは，たけちゃんが7歳から8歳の頃失踪したときだったようなので，辻褄が合っていないことや時系列がおかしいことからA県で妊娠したというのはないようでした。グループホームの施設長さんより，母親にとっても心の傷であることを示唆されていたため，施設内で仲のよい職員には性被害を隠すような言い方をしたのではと推察していました。

　また，グループホームの施設長さんが，たけちゃんが生まれたときにサポートしてくれた保健師を探し，話を伺ってくださいました。保健師の話によると妊娠について性被害の話は出たが，売春の話は当時出ていないとのことでした。

この段階ではまだどこまで伝えるか決まっていなかったので母親から同意はとっていませんでした。グループホームからも母親もつらい記憶を呼び起こすことにもなるため，母親に直接話を聞くことは避けてほしいとお願いもありました。そのため，今回は母親の同意については，グループホームの判断にゆだねることにしました。

3）今までのたけちゃんの発言等から推測する家族像

入所当時からの記録を見直す際，家族関係の部分でたけちゃんが家族について話した部分を拾い上げたり，今までの担当していた職員からも話を聞いたりしていきました。さらに，私の妻がたけちゃんの幼児期，長期休みに家に連れて帰っていたため，妻からも話を聞き，できる限りの情報を集めたところ，幼児期に「お父さんはお仕事に行っているから会いに来れないんだよ」と遊んでいるときに他の児童に話していたことがあったようでした。それ以降父親に関する発言は出てきていません。

4）段階的な説明

真実告知は1回で終わるものではなく，繰り返し何回もしていくものです。小さな輪から少しずつ広げていくことが理想的です。今回の真実告知で，どの部分を伝えていくのか，どこまで伝えていくか話し合いを重ねていきました。また，たけちゃんのことをどこまでフォローできるのかも同時に考えていきました。まず，今回の真実告知では父親がいないことや母親の生活能力について伝えていくことに決めました。

5）具体的な告知方法

具体的にどのような言葉でどのように伝えるか想定していくため，担当職員全員にたけちゃんの立場・気持ちになって台本を考えてもらいました。それぞれが真実告知の場面をシュミレーションします。誰がたけちゃんに伝えるのかはもちろん，同席する職員や座る配置まで一緒に考え，たけちゃんがどういう反応をするかどのように言葉を返すかを考えました。その後施設の心理士にも参加してもらい，言い方の1つひとつについてアドバイスをもらいながら，チームで議論し，1つの台本をつくり上げました。また，台本をつくることにより職員にとってイメージしやすいようにもなりました。複数の職員が考えた台本をつくることによって，言い方やたけ

ちゃんの反応に対する臨機応変な対応が生まれました。

6）たけちゃんの揺れ

たけちゃんの心の揺れによって生活の中でどういう変化が起こるのか，それぞれが想定し話し合いをもちました。衣食住をはじめ，学校等にも影響が出てきます。起こり得る影響をすべて抜き出していきました。

7）フォロー体制

真実告知では，前提として，その子どもに「生まれてきてよかったこと」「出会えてよかったこと」「あなたが大切な存在であること」を伝えます。真実告知をすることによって，子どもが荒れるのは当たり前なので，生活の中での不適応に対してどのように受け入れていくかをとことん話し合います。

たけちゃんへの真実告知後の心の揺れを受け入れるために，一緒に乗り越えていく方法を考え，でき得ることをたけちゃんに選択させることにしました。

①ホームでみんなといる方が気が紛れてよいのか（この場合，たけちゃんと個別的な時間が確保できるように1週間は職員体制を手厚くする）。

②家族支援室でたけちゃんが選んだ大人と個別に過ごすのがよいのか（どの職員が選ばれても応えられるように事前に調整する）。

③たけちゃんと関わりが深い担当指導員の家に連れて帰るのがよいか。

ホーム職員全員で，たけちゃんのことを思っているという姿勢を示せるようにしました。また，学校に行きたくないと言ったら休ませる。長く続くようであれば，学校に気持ちが向くようにもっていこうと考えました。

8）真実告知

真実告知当日，たけちゃんが1人ホームに残っているときに私から話しかけました。「たけちゃんも小学6年になっていろいろな話がわかるようになってきたから，たけちゃんに家族の話をしようと思うけど，聞きたい？　たけちゃんが今聞きたくないなら別の機会でもいいよ」と私が言う

と，たけちゃんは「今聞きたいです」と少し不安げで緊張した表情で答えました。「わかった。大事な話だから場所を変えて話をしたいんだけどいい？」と再度問いかけると，「大丈夫です」と即答でした。そして，生活の場面と大事な話をする場面を分けるため，別な空間に移動しました。一緒にたけちゃんの担当指導員と担当保育士も同席しました。飲み物を出し，空気を少し和らげて私からたけちゃんに「移動してくれて，ありがとうね。今からたけちゃんの家族について話をしようと思う」。一呼吸おいて，「たけちゃんは，お父さんのことで知っていることがある？　どう思っている？」と尋ねると，たけちゃんは首をかしげ，一瞬大きく目を見開くが何も返答はありませんでした。「そうだよね，お父さんのことは何も話してきていないからわからないと思う」と私が伝え，戸籍謄本を取り出し，たけちゃんに見せました。

　「（父親の欄を差して）ここに，お父さんの名前が載ることになっているんだけど，たけちゃんのお父さんとなる人は載っていないんだよ。男性は本当は女性を守ってあげないといけないんだけど，お父さんであろう男性が，たけちゃんのお母さんのことを守ってあげることができなかったんだ。だから，お父さんはいないし，誰なのかもわからないんだ」と伝えると，たけちゃんの反応はなく，飲み物をストローですすっていました。担当保育士がすかさず，「たけちゃんに今回話をしたのは小学6年生になって，たけちゃん自身も成長してきているから話をすることにしたんだよ」と伝えましたが，たけちゃんに反応はありませんでした。私も緊張がピークになり，落ち着くために深呼吸をした後に，「お母さんのことについては何か知っている？」と問いかけました。たけちゃんは少し考えて，「病気なのかな？　1人ではできないから，できるようになる勉強をしている」と自信なさげに言いました。それを受けて私が「お母さんのことについては前にも何回か話をしてきたことがあったけど，お母さんはたけちゃんが言うように病気なんだ。ただ，ケガや手術をするような病気とはちょっと違っていて，心の部分が病気になっているんだよ。今は，自分で働いて生活をすることは難しいから，グループホームで生活をする練習をしているんだ。お母さんと一緒に暮らしたいかもしれないけど，たけちゃんが子ど

ものうちは厳しいんだ。たけちゃんが大人になってお母さんのことをいろいろお手伝いできるようになったら一緒に暮らせるかもしれないけど，今は厳しいんだよ」。たけちゃんは，飲み物を飲みながら下を向いていました。担当保育士が「お母さんは，たけちゃんのことがとても可愛くて，たけちゃんのためにお仕事も頑張っていて，本当はたけちゃんと一緒に暮らしたいと思っているけど，今は難しいんだよ。私たちは，たけちゃんが，生まれて来てくれて，こんなに成長してくれたことをとてもうれしいと思っているし，ちゃんと成長してくれてありがとうって思っているよ。たけちゃんと出会えて本当にうれしいよ」と微笑みながら伝えました。続けて私も「たけちゃんが園に来なかったら僕らは出会うことができなかったんだよ。たけちゃんが園に来て，たけちゃんと出会えて本当によかったと思っているよ。本当のお父さんにはなれないけど，僕のことをお父さんの代わりに思ってもらってもいいよ」と伝えました。たけちゃんは黙ったまま飲み物をストローで飲んでいました。担当指導員がたけちゃんに「今日の話の中で一番心に残ったところはある？」と問いかけました。たけちゃんは，考えているようでしばらく返答がないため，私から「お父さんのところ？」と問いかけると，たけちゃんは黙ったまま入っていない飲み物をストローですすりながら静かに頷きました。その様子を見て私が「たけちゃんにとってはショックなことだと思う。できるようになったこともたくさんあるし…（幼少期の回想），…たけちゃんと出会えて本当によかったと思っている」たけちゃんが顔を上げたので，たけちゃんの目を見ながらしっかりと伝えました。その後，担当指導員から『たけちゃんの家族のことだけじゃなくてなんでも相談してきていいんだよ。私たちはいつでもたけちゃんのことを思っているからね」と伝えると，たけちゃんは軽く頷きました。私から「たけちゃんの方から何か聞きたいことある？　答えられるところはちゃんと答えようと思っているよ」と伝えると，たけちゃんは黙ったまま首をかしげました。私は一呼吸おいて「また聞きたいこととかあればいつでも僕らに話してきていいからね，大人は話す場所と時間は選ぶと思うからね」と伝え，その後一息ついて，この後の過ごし方についてたけちゃんに話をしました。

「ホームから少し離れてゆっくりと大人と過ごしていいけどどうする？たけちゃんが選んだ人と家族支援室でゆっくり過ごすのもできるし，たけちゃんさえよければ担当指導員のお家に泊まりに行ってもいいよ」と伝えました。たけちゃんは考えて悩んでいたため，私から「なかなかこういう機会もないからどれを選んでもいいんだよ。もう1回後から聞くね」と伝えました。また，施設の心理士との面接時に表出する可能性もあるため，「心理士さんとのお勉強を始めた理由を覚えている？」と話を振ると，たけちゃんは困った顔して，首をかしげました。その様子を見て私から「たけちゃんが自分の気持ちとかを上手に表現していけるようにお勉強をしているんだよ。心理士さんとはお勉強のときなどに話がしやすいと思うんだけど，心理士さんにも今日の話のことを伝えていてもいい？」と伝えると，たけちゃんはすぐに頷きました。私から「今日は代休だからみんなで過ごそう」と言い，真実告知を終わると，たけちゃんは緊張が解けたように笑顔で頷きました。

　ホームに帰る途中，担当指導員がたけちゃんに，「今日の話わかった？」と聞くと，たけちゃんは「うん，お父さんって離婚したんだよね？」と聞いてきました。担当指導員が「違うよ」と答えるとすぐにたけちゃんは，「じゃあ死んだんだ」と言ったため，担当指導員が「そういうことを聞いたらいいんだよ」と答え，一緒に私に聞きにきました。私は担当指導員から説明を受け，「離婚じゃないよ。離婚は1回結婚してから別れることだけどお母さんは結婚していないんだよ。お父さんであろう人は，たけちゃんのお母さんのことを守れなかったんだ」と伝えるとたけちゃんも静かに頷きました。しばらくしてからこの後の過ごし方について再度話をすると，たけちゃんは担当指導員の家に行くことを選びました。

　担当指導員の家では，たけちゃんと小さい頃のアルバムを見ながら，その頃の話をしたり，たけちゃんが食べたいものをつくって食べたりしました。3日目には担当保育士が担当指導員の家を訪問し，一緒に夕食を食べながらホームの子どもたちの様子を伝えてくれました。その後たけちゃんから担当指導員に「明日はホームに戻りたいな。みんなのことも気になるし」と少し遠慮気味に話してきました。翌日，担当指導員と一緒にホーム

に帰ってきて，たけちゃんは日常生活に戻っていきました。ホームでは数日間たけちゃんが話をしたいときにはすぐに応えられるように職員体制も手厚くしました。

(4) 振り返り

　真実告知をして，その後たけちゃんから定期的に父親についての話が職員に出るようになりました。たけちゃん自身，今まで話をしてよいのかどうかわからず，妄想だけが膨らんでいた部分が表出できるようになったのはよい展開だと考えています。たけちゃん自身が，今後整理していくのは時間がかかると思います。父親のことについての伝え方がよかったのか，まだ今でもわかりませんが，今後も父親のこと・出生のことについては何回も少しずつ話の輪を広げていくつもりです。

(5) 読者へのメッセージ

　私たちの施設では，真実告知は小学校3・4年生全員を対象にしています。たけちゃんの場合は，このタイミングが少し遅れてしまいました。ライフストーリーワークや真実告知はあくまでも養育の延長上で子どもの問題を解決する手段です。決してそれが目的ではなく，ライフストーリーワークや真実告知をすることで子どもたちの課題が解決するわけではありません。また，真実告知はただ単に「事実」を子どもに伝えることではありません。むしろ，過去の自分や境遇に向き合わないといけないため，子どもたちは悩み，苦しみ，荒れるはずです。そこを一緒に乗り越えることが大事になってきます。過去の自分や境遇をも超える出会いがあることや，今の「あなた」の存在が大切であることを，きちんと伝えることが必要なのです。

「それでもあなたに出会えてよかった」
「生まれてきてくれてありがとう」

　一緒に生活をともにする養育者だから過去の自分や境遇を一緒に超えら

れると思います。1人では決して真実告知はできません。チームで，施設
職員全員でこの子をどう支え，どう一緒に育っていくのか。過去と向き合
い未来をより良くするために生い立ちの整理は必要です。真実告知だけで
なく，子どもとともに生い立ちを整理していくことがライフストーワーク
だと思っています。日常生活の中で伝えていけるのが一番の理想です。し
かし，社会的養護に関わる子どもたちは何かしらぽっかり穴が開いていま
す。それを埋める手段です。チームでこの子をどう受け入れるのかもう一
度考えてみましょう。

5. 里親の事例

愛されてきた足跡をたどる時間

長崎県里親会　　大橋　梨絵

(1) 事例の概要

　現在高校 2 年生の圭君と私が出会ったのは，圭君が 7 歳の秋でした。里親登録してすぐに児童相談所から委託の話がきて，とんとん拍子に話が進み，その年の冬には一緒に暮らし始めるようになりました。圭君は，「里子」ということは理解していたのかわかりませんが，「私たち夫婦の子どもではない。本当の家族は別にいる」ということはわかっていたように思います。それでも，「お父さん，お母さんと呼びたい」と言ってきてくれ，養子縁組はしていませんが，私たちは家族になりました。

　圭君の実母は，学生のときに妊娠し，圭君を育てることができなかったので，圭君は生まれるとすぐに乳児院に入所し，7 歳まで施設で育ちました。入所してすぐは，実母との面会はありましたが，少しずつ回数は減っていき，圭君が物心つく頃には会うことはなくなっていました。圭君が「ママに会ったことはあるけど，見たことはない」と絶妙な表現をしていたのを覚えています。

　我が家へ里親委託され，しばらくすると私たち夫婦の愛情を一生懸命に求めてきました。時にはそれが，キレたり，叱られることをわざとすることで表現することもありました。そして，運転している私にボールを投げつける，キレて外に出て石を投げつける，2 時間以上叫び続けるなど，だんだんとその行為がエスカレートしていき，回数も増えていきました。毎

日些細なことでキレて泣き叫ぶ圭君に，何をしてあげられるのか，毎晩のように夫婦で話し合い，里親支援専門相談員の先生や学校も巻き込んで，圭君が我が家で生活していくためにはどうしたらよいのかを考えました。特に，怒りの感情のコントロールが難しくなっていったため，小学5年生のときに一旦，一時保護されることになりました。

(2) ライフストーリーワークの実践に向けて

　児童相談所での心理面接を繰り返していくことで，圭君は少しずつ落ち着いていきました。怒りの感情のコントロールに関しては，児童心理司と一緒に考え，実践していくことでコントロールしようと頑張る姿が見られるようになりました。心理面接をしてくれた児童心理司と信頼関係ができ，問題行動を起こしたときに丁寧に対応してくれた里親支援専門相談員の先生とも打ち解けてきて，圭君は自分の気持ちを整理して伝えることができるようになっていきました。圭君を支える大人たちと信頼関係が築けつつあり，年齢的にも理解できると判断し，ライフストーリーワークを行うことを決めました。

　実母には，事前に児童相談所の児童福祉司が直接会って，圭君に出生についてなどの話をしていくことの了承を得ました。そのときに，圭君あての簡単な手紙や写真を受け取りました。実施する場所は，児童相談所，里親支援専門相談員の施設，里親宅が候補としてあがりましたが，里親宅で行うと，切り替えが苦手な圭君が混乱するのではないかということから，里親宅から近い里親支援専門相談員の児童養護施設の一室を借りて行うことになりました。同席する大人は圭君の希望により，児童相談所の児童心理司，児童福祉司，里親支援専門相談員，お母さん（里親）となりました。児童心理司が話を進め，児童福祉司が写真や情報を出し，里親支援専門相談員が，その都度ネットで調べたり印刷したりして，私は隣で見守り，圭君が言葉に詰まったりしたときにフォローするという役割で進めていくことにしました。ライフストーリーワーク実施前と後で児童相談所と連絡をとり合うことにし，月に2回の頻度で大人4人に囲まれて圭君のライフストーリーワークが始まりました。

（3）実施経過

　話す内容は，圭君が事前に決め，次の週までに児童福祉司が調べてくるという流れで行っていきました。圭君は考えを伝えることや，絵や文を書くことが苦手だったので，負担にならないように，一緒に文章を考えたり，ネットで地図や建物を探して印刷して，それを貼ったりしながら進めていきました。

　第1回目は『生まれた家族から離れて暮らす子どもたちのライフストーリーブック』（才村，2009）を購入し，児童心理司からその本についての説明をしてもらいました。本に自分の名前を書き，絵を描いたりシールを貼ったりして，自分だけの本をつくっていきました。6年生になって，ゾウのシールを楽しそうに貼る圭君に幼さがうかがえました。その後，《第1章　わたしについて知っていること》を一緒につくっていきました。小さい頃のことや里親委託されてすぐの頃の記憶が曖昧な印象をもちました。小さい頃に遊んでいたおもちゃや，楽しかった場所など，ほとんど覚えていませんでしたが，私がその頃の話をすると「そうやったと？」とニコニコしながら聞いていました。《小さいときのわたしのいいところ》の設問に「いいところはたくさんあった。お母さんは100以上言えるけど，圭君それ書ける？」と聞くと素直に「書けん」と笑って返事をしたりと，終始楽しい雰囲気で行えました。

　第2回目は《わたしの生まれたところと今住んでいるところ》でした。事前に里親支援専門相談員が，地図や学校の写真等を印刷して準備してくれていました。生まれた病院がある町の地図や，実母が今住んでいるところの地図を貼りながら，部活の試合で近くに行ったことがあるなどの話をしてくれました。自分が今住んでいる場所と，どのくらい離れているかをF県全域の地図を見ながら，位置的な確認などをしました。第2回終了後，担当児童心理司から3月いっぱいで異動するという連絡が入りました。児童相談所としては，今後も違う児童心理司と一緒にライフストーリーワークを行っていこうと思っているということでしたが，圭君が信頼している児童心理司とはあと2回しか話ができないのなら，圭君が避けてきた1番

知りたいけど知りたくない《わたしの生まれた家族》について話をしてほしい。そして，そこで話が終わらなかったり，荒れたりしたときのフォローを第4回目にもってきてほしいとお願いしました。

　第3回目，事前に圭君には「今日は《わたしの生まれた家族》について話をする」と伝えました。行き渋りはありませんでしたが，車の中で「俺，別にママの名前とか知らんでいいし」と言っていました。施設に着き，いつものようにライフストーリーワークが始まりました。実母の名前を聞き，実父はわからないというところで「え？」と驚いていました。実父と実母は一緒にいると思い込んでいたようでした。

　それから，児童福祉司が実母からもらってきた，圭君が赤ちゃんの頃の写真を一緒に見ました。「これは，圭君のお母さんからもらってきたんだよ。大事にとっておいたんだろうね」と言われると，「え？　そうなの？」と，うれしさを隠すような表情を見せました。「かわいいねぇ」「こんなにかわいい赤ちゃん見たことない」とみんなに言われて，とてもうれしそうに笑っていました。その後，圭君は実母が圭君を愛おしそうに抱きしめている写真を受け取りました。圭君は何も言わず，ただ本に写真を貼り始めました。私は，「この写真を見てどんな感じがする？」と尋ねてみると，圭君からの返事はありませんでした。何か漠然としたものを“感じる”ではなく，言葉にして，写真から伝わる“実母の思い”を圭君にはきちんと受け止めてほしいと思ったので，「嫌なものを抱きしめている感じがする？大事なものを抱きしめている感じがする？」と聞くと，「大事なものの感じがする」と答えました。「そうだよね。お母さんも，ママが圭君のこと大事に大事に抱きしめているように見えるよ」と言うと，「そうだね」とじっくり写真を見つめていました。今まで，設問に答えるときは，自信なさげに記入することが多かった圭君が，このときは《この写真について話したいこと》の設問に自信をもって「大事にされている感じがする」と記入しました。

　《どうして今，家族と暮らしていないのか》という設問になると，急に「眠い」と横になりジャンパーで顔を隠してしまいました。会話をしながら，圭君が聞きたいタイミングを見計らって話を始めました。いざ始まると，

圭君も覚悟を決めたようで，正座をして話を聞き始めました。「圭君のママが圭君を妊娠したときはまだ学生だったんだよ。だから，圭君を育てることができなかったんだよね」と説明を受けると，「え？　まだ学生やったと？　そーなんだ……」と驚いていました。もともとこの話を聞きたくなかった圭君は，すぐにページをめくり次に進もうとしました。私は，ここは大事にしないといけないと感じ，圭君に話しかけることにしました。「あのね，圭君。ママは圭君のことを育てられなかったけど，大事なのは産むという覚悟なんだと思う。圭君のママは圭君を産まないっていう選択肢もあった。わかる？」と言うと，「中絶するってこと？」と言いました。「そう。でも，ママは，中絶せずに圭君を産むっていう選択をした。学生なのに，この選択ができるってすごいことだと思う。赤ちゃんを産むって，すごく痛くて苦しい思いもするし，命がけのことなんだよ。それなのに，産むという選択をしたんだね。圭君とは一緒に暮らすことはできなかったけど，お母さんは，圭君のママはすごいと思う」と真剣にゆっくり伝えました。一緒に生活ができなかったというマイナス面ではなく，産むという選択をし，命がけで産んでくれたというプラスの面に目を向けてほしいという思いもありました。「…そーだね」と圭君の表情が少しすっきりしたように見えました。

　帰りの車の中で圭君は今日した話を整理するかのように話し始めました。「ねぇ，お母さん……」「なぁに？」「産んでくれたママが学生じゃなかったら，俺は施設に入らなかったってこと？」「うーん……」私は，言葉に詰まりました。すると「…ママに事情があってよかった」と言い出しました。驚いて，「え？　なんで？」と聞くと，「だって，ママに事情があったから，施設に入って，お母さんに出会えたやん」と圭君は答えました。その言葉に一瞬言葉を失いました。圭君の，自分の境遇をしっかり受け入れて，決して悲観的にはならずに，これでよかったんだと思える強さに感動しました。「そうだね。お母さんも圭君に出会えてとても幸せ。だから，圭君を産むという選択したママに感謝してる」と伝えると，「そうだね。俺も感謝してる」と圭君は素直に答えました。それから帰るまで話すことなく静かにしていました。

その後は，特に圭君が不安定になることなく，とてもスムーズに進みました。そして，数回ライフストーリーワークを行い，1冊終了することができました。最後の方は，圭君が中学生になり，1人でも大丈夫ということだったので，児童心理司と2人で行うようになっていました。その時間のページを見ると，「宝物は家族（里親家庭）」「大切な人はお母さんとお父さん」「困ったときに相談する人はお母さん」などと書いてあり，一時保護された時期の苦労が報われたように思いました。お互いにきつかったあの時期があってこその"今"のように感じます。あの時期，もう里親として圭君を育てるのは限界なのではないかと悩みました。それでも，ここで圭君と離れることの方がつらいと思い，たくさんの支援に支えられ，なんとか圭君との生活を保つことができるようになりました。そこから，一緒にライフストーリーワークをしていくことで，絆がより強く，深くなり，圭君と過ごす時間が温かなものになったように思います。

(4) 振り返り

今回，どういう形で進めていくことが圭君にとってよいのか，児童相談所や里親支援専門相談員と何度も話し合いを行いました。場所だけでなく，時間帯や進め方，参加する大人の人数などを細かく決め，圭君に負担のないように配慮しました。行き渋りがあったときには「みんなでアイス食べようか」と圭君と一緒にアイスを買ってから施設に行きました。圭君が，大人一人ひとりのことを考えアイスを選び，施設に着くと5人でアイスを食べながら世間話をし，圭君の様子を見ながら話を進めていきました。圭君が言うこと，書くことを大人が肯定的に受け入れ，褒め，なかなか言葉が出てこないときはじっくりと待ち，1回1回を丁寧に，時間をかけて行っていきました。圭君が選んだ大人＝圭君が信頼している大人であり，その信頼している大人に囲まれて過ごす時間は心地のよい時間だったように思います。終了すると，向かうときとは違い，穏やかな表情をして帰る姿がとても印象的でした。そして，温かい雰囲気の中で行ったライフストーリーワークは，圭君にとって，ただの振り返りではなく，たくさんの大人に大切に育てられ，愛されてきた足跡をたどる時間だったように思い

ました。その実感があったからこそ，自分の境遇を知ったときに，自分の人生はこれでよかったんだと思うことができたのだと思います。ライフストーリーワークを行うことで，自分の人生を肯定的に捉えることができたことは，これから圭君が成長していくときに大きな支えになっていくはずです。

　毎回ライフストーリーワークが終了して帰ると，「この本，車に乗せていい？」と聞いて，絶対に家の中には持ち込みませんでした。「忘れたら困るから」と私には話していましたが，圭君にとって複雑な思いがあったようです。圭君は，まだ本を自分の部屋に持っていきません。いつか，自分から見返す日が来ればいいなと思いますが，圭君のペースで受け止めることができるよう見守っていきたいです。私はライフストーリーワークをこれで終わろうとは思っていません。タイミングを見て，一緒に本を読み返したり，新たに言葉をつけ加えたりしながら，圭君のライフストーリーワークの本をこれからもつくり上げていこうと思っています。

　ライフストーリーワークで，私がまだ関わってなかった圭君の乳幼児期を一緒に巡り，記憶の共有をすることで，私と圭君の距離がぐっと縮まったように思います。ライフストーリーワークは，子どものためのものだと思っていましたが，家族として過ごす里親にとって，子どもの出生を一緒に巡り記憶を共有することで，どうしても埋まらない隙間を埋められるような気がしました。

　圭君が自分の過去を肯定的に捉えれば捉えるほど，今まで圭君と関わってきたすべての大人に感謝の気持ちでいっぱいになりました。圭君を取り巻いてきたすべての大人に感謝しつつ，そのバトンをしっかり受け取り，これからもたくさんの愛情を伝えていけるように頑張っていこうと思います。

(5) 読者へのメッセージ

　真実告知という大きな課題を，里親だけで抱え込むのではなく，子どものためにどのように進めていくことがよいのか，児童相談所や里親支援専門相談員と一緒に1つのチームになっていろいろな視点から話し合うこと

が大切だと感じました。協力し合って進めていくことで，ライフストーリーワークを行う中でのよい雰囲気づくりになり，結果，圭君が生い立ちを肯定的に捉えることにつながりました。真実告知をどうしようか悩む里親は多くいます。大切なことだからこそ，自分だけで抱え込まず，児童相談所や里親支援専門相談員と一緒に考えることも真実告知の方法の選択肢の1つではないでしょうか。

　また，ライフストーリーワークが子どもにとって大切なことは理解していましたが，その時間は，里親にとっては自分の子どもではないという事実を突きつけられる時間にもなるのではないかと思っていました。しかし，今回のライフストーリーワークを行ったことで，この時間は一緒に過ごしていなかった空白を家族になるために埋めていく時間になるのだと，考えを改めることができました。いろいろな思い出を圭君と一緒に振り返ったり，共有していくことで親子に近づけた気がします。何より，ライフストーリーワークを行う時間こそが子どもの肯定感を育て，私自身も圭君のよさや愛しく思う部分にあらためて目を向ける時間になりました。生い立ちの整理ということで，身構える方もいらっしゃると思います。一度，本を手にとってみてください。委託理由や子ども自身が背負った過去に着目するだけでなく，今までの思い出の整理や，子ども自身のプラスの部分の再確認につながることがわかると思います。

6. 特別養子縁組当事者の体験記

「10月19日」

永岩　味樹

　10月19日は私の誕生日です。小さい頃誕生日といえば，両親やお友達にお祝いしてもらって，プレゼントをもらったりケーキを食べたりと楽しい日でした。でも私は誕生日を心から好きにはなれませんでした。なぜかというと，誕生日は私にとって「捨てられた日」だからです。

　昭和63年10月19日，熊本県菊池市にある病院に，生まれたばかりの私は捨てられていました。当時，警察の方がいろいろと手がかりを探してくれたそうですが，生みの両親に関することは何1つわかりませんでした。当時の菊池市の市長さんが名前もない私に，苗字は菊池市から菊池，名前は「幸せになってほしい」という願いを込めて幸（みゆき）と名づけてくれました。

　そして菊池幸という名前をもらった私は，熊本市内にある乳児院で過ごし，3歳になる頃に今の両親と特別養子縁組をし，戸籍の上でも親子となり新しい味樹（みき）という名前をもらいました。私の記憶があるのはこの頃からです。両親や，周りの大人から「みーちゃん」と呼ばれ，本当に可愛がってもらいました。しかし，どんなに可愛がってもらっていても，幼心にいつも得体の知れない不安があり「よい子にしなきゃ」「お父さんとお母さんはいつかいなくなるかもしれない」「周りの子と私は何かが違うのだ」と思っていました。しかし，それを言葉にすることはできませんでした。愛を確かめるような，不安をぶつけるような行動をし，眠る前には「絶対にいなくならないでね」と何度も確認してから眠り，小さい心で

一生懸命戦っていたのだと思います。

　私が自分の生い立ちを知ったのは，小学校 2 年生のときでした。やはり自分は周りと違うという思いがあり，それを父に尋ねました。「私はお父さんとお母さんの本当の子どもなの？」父は戸惑うこともなく，いつもの優しい笑顔でこう答えました。「味樹さんは，よその人の血を借りて生まれてきたんだよ。だからお父さんとお母さんと血はつながっていない。だけど，私たちは家族なんだよ」。そのとき，一番に思ったのは「やっぱりそうなのか」でした。そして「私たちは家族」という言葉に安心する気持ちもありました。けれど小さい私には，その後の父の「本当のお父さん，お母さんは，探したけどわからなかったんだ。病院に捨てられていたとは聞いているけどそれ以上はわからなかったそうだよ」という言葉がショックでした。「じゃあ，私は捨てられたんだ」「私は誰なんだろう」「誰から生まれてきたんだろう」「生まれてきたよかったのかな」そんな思いが私の心に重く，重くのしかかっていきました。

　そして毎年「10 月 19 日」が来ると，夜寝る前に窓から空を見上げ静かに泣きました。「私は誰ですか？」「生まれてきてよかったの？」「本当のお父さんとお母さんにはどこにいるの？」「私は愛されてなかったの？」と思いながら。そして必ずこう空に語りかけました。「お母さん，今日は何の日か覚えていますか？　私が生まれた日だよ。いつもは思い出さなくてもいい。でも今日だけは私を思い出して。お母さんが幸せだといいな。お母さんが同じ空を見ていたらいいな……」この気持ちが届く日は来ないかもしれないけど，そう思うことで「捨てられた日」を少しでも好きになれるようにと自分で自分を励まし，また産みの親とのつながりを求めていたのかもしれません。

　小学校に入ってからも，友達のつくり方がわからなかったり，先生とうまく付き合えなかったりと苦労しました。生い立ちが関係しているのかはわかりませんが，人付き合いは今でも自信はありません。でも大人になった今は友達もいますし，いつでも相談できる人もいます。子どもの頃から仲よくしてくれる人たちもたくさんいます。それから 25 歳で結婚し，3 人の子どもの母親になりました。子ども時代に苦労した分，今はわが子にた

くさんの愛情を注いでいけるよう毎日頑張っています。

　ここで本題のライフストーリーワークについてですが，私は特別養子縁組だったこともあり，家族になった後は，周りからの支援は全くありませんでした。今は里親家庭や施設で暮らす子どもたちはいろいろな大人と関わり，必要な支援があり，子どもたちも問題や悩みがあれば相談できる人がいます。その1つとして，自分の生い立ちをまとめていく作業＝ライフストーリーワークがあります。児童養護施設，里親家庭，児童相談所などで行われており，子どもたちが，信頼できる大人と一緒に作業をすることで，真実を知り，自分の存在を受け入れ，自分のアイデンティティを確立する手助けになります。しかし私が子どもの頃は両親への遠慮と，真実を知る恐怖から，聞かされた真実以上のことを調べようとは思えませんでした。生い立ちが自分のアイデンティティの確立や心にどう影響しているのかもわからなかったし，相談する相手もいませんでした。私が知っているのは「生まれてすぐに菊池市のどこかの病院に捨てられていて，両親が誰かはわからない」ということだけでした。知らないからこそ「捨てられた子」という負い目が私を苦しめて，きっと子どもが感じたりしなくていい悲しさや不安をたくさん感じた子ども時代でした。

　それが大きく変わったのは1人目の子を出産した頃でした。助産師の下園和子さん（熊本母と子の相談室代表。助産師，保健師）の紹介で読売新聞の取材を受けました。その取材を通して初めて，私が捨てられていた病院がわかったのです。25年ぶりに，生まれたばかりの我が子をつれて病院を訪ねると，院長先生はじめ，当時お世話をしてくださった看護師さんたちが涙を流して出迎えてくれました。

　―10月19日　PM7　女児保護―

　病院には当時の日誌と写真が残っていました。タオルにくるまれた裸の赤ちゃんが非常口の外で泣いているのを発見し，保育器で温め，命を取り留めたと。20日間病院で世話をし，その後，乳児院に引き渡したきりどうなったかわからなかったそうです。「幸ちゃんはどうしているかね」「元気にしているかな」「もう高校生だね」などと，ことあるごとに思い出していたのよ，と看護師さんがうれしそうに話してくださいました。「幸ちゃん

の名前だけは忘れなかったのよ」「こうやってまた会えて本当にうれしい」と言われ，初めて「私は愛されていた」「1 人じゃなかったんだ」「知らないところで私を想っていてくれる人たちがいたんだ」と気づき涙が止まりませんでした。

　病院に大切に保管されていた 2 枚の写真には看護師長さんに抱っこされる自分の姿がありました。自分の赤ちゃん時代の写真をこのとき初めて見ました。その顔は生まれたばかりの我が子にそっくりでした。血のつながりを感じたことのない私には顔が似ているということが初めての経験で，うれしくて，とても衝撃的で，感動的な体験でした。写真の中の自分と，腕に抱くよく似た我が子を見ていると，出産したときのことを思い出しました。初めての妊娠と出産は楽しみでもありましたが「ちゃんとよいお母さんになれるだろうか」という不安もありました。出産は丸 2 日かかり，経験したことのない壮絶な痛みに弱音を吐いたり，心身ともにたいへんな経験でした。しかし，自分も出産したことで，生みの母の気持ちを理解できたような気がします。きっと私を手放したのには余程の理由があったのだろう，それでも私をちゃんと「生かしてくれた」と母に感謝することができました。そして今，自分が母になれたことを誇りに思うことができました。

　今まで自分がたくさんの人の力を借りて，たくさんの人に愛されて生きてきて，今こうやって命をつなぐことができたんだなと気づいたことで心の奥のしこりが解けていきました。生みの母もきっと「この子が助かりますように」と思ったからこそ，人目につく場所に置いたのだと思います。だから決して「愛されていなかった」わけじゃないと今では確信しています。それもこの出会いがあったからこそわかったことです。助産師の下園さん，読売新聞の稲垣記者，病院の先生方には本当に感謝しています。たくさんの人と出会うことができたこと，そして自分の生い立ちと向き合えたこと，愛されていたのだと気づくことができたこと，これらすべてが私にとっての「ライフストーリーワーク」だと思っています。真実告知は子どもたちにとって，とても大きな影響を与えます。事実を変えることはできません。でも，「あなたには私たちがついているよ」「たくさんの人があ

なたを愛しているよ」と，決して１人じゃないということを伝えてあげることがとても重要だと思います。

　自分のことを肯定し，認めることは，簡単なようでとても難しいですが「生まれてこない方がよかった命」など決して，１つもありません。子どもたちには，どんなにつらい経験をしても，必ず助けてくれる大人がいること，あなたは愛されているということ，未来は自分で変えていけるということを忘れないでいてほしいです。そして，ライフストーリーワークを通してたくさんの愛に気づき，自信をもち，健やかに成長していってほしいと願っています。

（読売新聞 2014 年 7 月 27 日朝刊）

ライフストーリーワーク・アセスメントシート

令和　　年　　月　　日 現在
記入者 _____

ふりがな 児童氏名			性別	男　　女
児童の生年月日・現年齢	平成　　年　　月　　日生（　　歳）　　　　年生			
入所年月日・入所期間	平成　　年　　月　　日　措置入所　入所期間（　　年　　か月）			
入所の主訴				

入所の経緯・時系列	年 月 日	

ジェノグラム	
	作成年月日　　　年　月　日現在　　作成者

家族についての情報		
本人についての情報（診断名・IQ・行動特性・服薬など）	診断名 （診断日）	
	心理所見 （IQ など）	
	病院受診・服薬 特別支援学級など	
	トラウマや 愛着障害の反応 （心理所見）	
	行動特性 対人関係	
本人の家族に対しての思い		
家族情報の混乱や認知の歪み		
生育歴の中において本人が認知していない情報		
現在の児童の状況 （生活の状況・情緒・問題行動など）		

付録

177

付
録

本人からの直接的な実施の要求とその具体的な内容	☐ ある　　☐ なし　　☐ 不明
間接的な要求と思われる訴えや言動について	
支援者の考えるライフストーリーワークの必要性	☐ すぐにでも必要である　　☐ 必要である　　☐ いずれ必要である ☐ 今は避けるべきである　　☐ 必要ない　　☐ わからない
ライフストーリーワーク開始の時期（望ましい時期，その理由）	
本人が把握している情報	
本人視点のジェノグラム	

作成年月日	年　　月　　日	作成者	

家族との交流	帰省（月　　回）　　外出（月　　回）　　面会（月　　回） 電話（月　　回）　　手紙（年　　回） 贈り物（誕生日・クリスマスなど） その他（　　　　　　　　　　　　　　　　　　　　　　　　）
	本人の様子や思いなど

今後の引き取りの可能性	☐ 可能である　　☐ 調整次第では可能　　☐ 不可能である ☐ 不明
引き取りが可能な場合はその時期	
本児から見た家族との関係性について	
家族との関係性の課題	
母子手帳について	母子手帳が　　☐ あり　　　☐ なし 　　☐ その他（　　　　　　　　　　　　　） 母子手帳の記載について 実父の記載　　☐ あり　　　☐ なし 　　☐ その他（　　　　　　　　　　） 実母の記載　　☐ あり　　　☐ なし 　　☐ その他（　　　　　　　　　　） 居住地の記載　（　　　　　　　　　　　　　　　　　） 出産の状態　　妊娠期間（　　週　　日） 娩出日時　　　（平成　　年　　月　　日　　時　　分） 分娩所要時間　（　　時間　　　分）
母子手帳について	出産体重　　（　　　　g） 身　長　　　（　　　　cm） 胸　囲　　　（　　　　cm） 頭　囲　　　（　　　　cm） 出産の場所　（　　　　　　　　　） 分娩取扱者　（　　　　　　　　　）
母子手帳への保護者の記載について（生まれたときの感想など）	
実母・実父の連絡について	実母　☐ 可　　☐ 不可　　☐ 行方不明 実父　☐ 可　　☐ 不可　　☐ 行方不明 実母の現在の居住地（　　　　　　　　　　　　　） 実父の現在の居住地（　　　　　　　　　　　　　）

実父母のワーク実施の同意について	☐ 同意が可能 ☐ 同意が不可能 ☐ 調整次第では可能 ☐ その他（　　　　　　　　　　　　　　　　）
ワーク実施にあたっての家族の協力	☐ 可能 ☐ 不可能 ☐ 調整次第では可能 ☐ その他（　　　　　　　　　　　　　　　　）
家族の生育歴の聞き取り	☐ 可能　　☐ 不可能 ☐ その他（　　　　　　　）
家族との連携について	
主な実施機関と実施者	施設（　　　　　　　）　　児童相談所（　　　　　　　） その他（　　　　　　　）
ライフストーリーのブック	☐ 既存　　☐ オリジナル　　☐ アルバム　　☐ データ作成
本人が認知していない情報を伝える必要性とその時期	☐ あり　　☐ なし 時期を検討（時期　　　　　　　　頃）
伝える内容	
本人の生まれた病院	病院名（　　　　　　　　　　　　　　） ☐ 現存　　☐ 閉院　　☐ 不明
生まれた病院の訪問	☐ 可能　　☐ 不可能
過去の生活拠点の訪問	☐ 可能　　☐ 不可能
保育園・幼稚園の利用歴・在園歴	☐ ある　　☐ ない　　☐ 保育園・幼稚園（　　　　　　　） 在園（　　歳〜　　歳　約　　年間）
保育園・幼稚園の訪問	☐ 可能　　☐ 不可能
写真やアルバム	☐ ある　　☐ ない
写真やアルバムの取得	☐ 可能　　☐ 不可能
取得方法について	

本人が自身の過去をどのように捉えているか（本人が抱いていると思われるストーリについて）	
施設入所の経緯をどのように捉えているか	
実施者が考えるケースのカバーストーリーの内容	
アフターケアについて	
次回の検討	

総合所見	
実施の方法と実施の回数	
ワーク実施中のリスク（子どもの変化，子どもの行動化など）	
実施中の支援体制	

役割分担	担当職員	
	ユニットリーダー	
	施設心理士	
	児童相談所相職員	
	家庭支援専門相談員	
	家族	
	主任・施設長	
ワーク実施の目標 （いつまで，どこまで）		
今後の見通し		
ワーク実施のポイント		
その他留意点		

文　献

🔴 **第 1 章**

堀場純矢　2019　社会的養護の現実を踏まえた改革の課題　浅井春夫・黒田邦夫（編著）〈施設養護か里親制度か〉の対立軸を超えて―「新しい社会的養育ビジョン」とこれからの社会的養護を展望する―（pp.4，pp.50-51）　明石書房

児童福祉六法　2020　令和 2 年版（pp.30-36）　中央法規出版

厚生労働省　2011　里親委託ガイドラインについて（平成 23 年 3 月 30 日）　https://www.mhlw.go.jp/stf/shingi/2r98520000018h6g-att/2r98520000018hlp.pdf（2020 年 3 月 16 日閲覧）

厚生労働省　2017　新しい社会的養育ビジョン（平成 29 年 8 月 2 日）　新たな社会的養育の在り方に関する検討会　https://www.mhlw.go.jp/file/04-Houdouhappyou-11905000-Koyoukintoujidoukateikyoku-Kateifukushika/0000173865.pdf（2020 年 3 月 16 日閲覧）

厚生労働省　2018　子ども食堂の活動に関する連携・協力の推進及び子ども食堂の運営上留意すべき事項の周知について（平成 30 年 6 月 28 日）　https://www.mhlw.go.jp/content/000306888.pdf（2020 年 3 月 16 日閲覧）

厚生労働省　2019a　社会的養護　資料集　社会的養育の推進に向けて（平成 31 年 4 月）　https://www.mhlw.go.jp/content/000503210.pdf（2020 年 3 月 16 日閲覧）

厚生労働省　2019b　令和元年度全国児童福祉主管課長・児童相談所長会議資料　児童虐待防止対策について　https://www.mhlw.go.jp/content/11900000/000535908.pdf（2020 年 3 月 16 日閲覧）

厚生労働省 雇用均等・児童家庭局　2008　養育里親等の研修について　全国児童福祉主管課長会議資料　https://www.mhlw.go.jp/shingi/2008/08/dl/s0805-2a_0001.pdf（2020 年 4 月 27 日閲覧）

前田美和子　2018　現代日本における子どもの貧困の研究について　広島女学院大学幼児教育心理学科研究紀要，4，72-73.

野口啓示　2018　現代社会における社会的養護の意義　伊藤嘉余子・福田公教（編著）社会的養護　子どもの福祉　5 巻（pp.2-3）　ミネルヴァ書房

NPO 法人全国こども食堂支援センターむすびえ　2019　こども食堂について　https://musubie.org/kodomosyokudo/（2020 年 3 月 16 日閲覧）

全国児童相談所長会（編）　2011　児童相談所における里親委託及び遺棄児童に関する調査　報告書　http://www.zenjiso.org/wp-content/uploads/2015/03/ZENJISO091ADD.

pdf（2020 年 3 月 16 日閲覧）

全国児童養護施設協議会　2019　もっともっと知ってほしい児童養護施設　http://www. zenyokyo.gr.jp/pdf/pamphlet_2019.pdf（2020 年 3 月 16 日閲覧）

全国乳児福祉協議会　2017　2017 年度全国乳児院入所状況実態調査　乳児院への入所理由と入所児童の状況

🌑 第 2 章

ボーイズタウン・コモンセンスペアレンティング　https://www.csp-child.info/

Frankl, V. E.　1946　… trotzdem Ja zum Leben sagen:Ein Psychologe erlebt das Konzentrationslager. München: Kösel-Verlag.　池田香代子（訳）　2002　夜と霧（pp.118-119）　みすず書房

井上直美・井上　薫　2008　子ども虐待防止の為の家族支援ガイド―サインズ・オブ・セイフティ・アプローチ入門―　明石書店

楢原真也　2015　子ども虐待と治療的養育―児童養護施設におけるライフストーリーワークの展開―（p.87）　金剛出版

日本ボーイズタウンプログラム振興機構（IBPF Japan）　https://www.ibpf-japan.org/

Ryan, T. & Walker, R.　2003　Life story work – a practical guide to helping children understand their past. British Association for Adoption and Fostering.　才村眞理・浅野恭子・益田啓裕（監訳）　2010　生まれた家族から離れて暮らす子どもたちのためのライフストーリーワーク実践ガイド　福村出版

才村眞理・大阪ライフストーリー研究会　2016　今から学ぼう！　ライフストーリーワーク―施設や里親宅で暮らす子どもたちと行う実践マニュアル―（p.16, pp.23-24）　福村出版

Wrench, K. & Naylor, L.　2013　Life story work with children who are fostered or adopted: Creative ideas and activities. Jessica Kingsley Publishers.　才村眞理・徳永祥子（訳）　2015　施設・里親家庭で暮らす子どもとはじめるクリエイティブなライフストーリーワーク（p.147）　福村出版

🌑 第 3 章

厚生労働省　2018　子ども・若者ケアプラン（自立支援計画）ガイドライン（平成 30 年 3 月）　https://www.mhlw.go.jp/content/000348508.pdf（2020 年 3 月 16 日閲覧）

Montuschi, O.　2006　Telling & Talking. Donor Conception Network.　才村眞理（訳）　2011　大好きなあなただから、真実を話しておきたくて―精子・卵子・胚の提供により生まれたことを子どもに話すための親向けガイド―　帝塚山大学出版会

楢原真也　2015　子ども虐待と治療的養育―児童養護施設におけるライフストーリーワークの展開―（pp.173-176）　金剛出版

西澤　哲　2012　子ども虐待（pp.214-231）　講談社

大河原美以　2015　子どもの感情コントロールと心理臨床　日本評論社

才村眞理　2009　生まれた家族から離れて暮らす子どもたちのライフストーリーブック

福村出版

才村眞理・大阪ライフストーリー研究会　2016　今から学ぼう！　ライフストーリーワーク—施設や里親宅で暮らす子どもたちと行う実践マニュアル—（p.16）　福村出版

桜井茂雄（監修）黒田祐二（編著）　2012　実践につながる教育心理学（pp.89-92）　北樹出版

渡辺恒夫・高石恭子　2004　私という謎—自我体験の心理学—　新曜社

山本智佳央・楢原真也・徳永祥子・平田修三　2015　ライフストーリーワーク入門—社会的養護への導入・展開がわかる実践ガイド—（pp.18-19）　明石書店

第4章

Frankl, V. E.　1946　… trotzdem Ja zum Leben sagen: Ein Psychologe erlebt das Konzentrationslager. München: Kösel-Verlag. 池田香代子（訳）　2002　夜と霧（pp.118-119）　みすず書房

向田久美子　2018　記憶の仕組み—教育心理学—　田中統治・向田久美子・佐藤仁美（著）心理と教育へのいざない　放送大学

楢原真也　2015　子ども虐待と治療的養育—児童養護施設におけるライフストーリーワークの展開—（pp.112-113，p.162）　金剛出版

西澤　哲　2009　子どものトラウマ　講談社

西澤　哲　2010　子ども虐待　講談社

Rose, R. & Philpot, T.　2004　The child's own story: life story work with traumatized children. Jessica Kingsley Publishers. 才村眞理（監訳）　2012　わたしの物語—トラウマを受けた子どもとのライフストーリーワーク—（pp.63-81）　福村出版

Ryan, T. & Walker, R.　2003　Life story work – a practical guide to helping children understand their past. British Association for Adoption and Fostering. 才村眞理・浅野恭子・益田啓裕（監訳）　2010　生まれた家族から離れて暮らす子どもたちのためのライフストーリーワーク実践ガイド（pp.79-82）　福村出版

才村真理・大阪ライフストーリー研究会　2016　今から学ぼう！　ライフストーリーワーク—施設や里親宅で暮らす子どもたちと行う実践マニュアル—（p.55-56, pp.119-120）　福村出版

桜井　厚　2012　ライフストーリー論　現代社会学ライブラリー7　弘文堂

Schauer, M., Neuner, F., & Elbert, T.　2005　Narrative exposure therapy: a short-term intervention for traumatic stress disorders after war, terror, or torture. Hogrefe & Huber Publishers. 森　茂起（監訳）　2010　ナラティヴ・エクスポージャー・セラピー—人生史を語るトラウマ治療—　金剛出版

植田寿之　2015　日常場面で実践する対人援助スーパービジョン　創元社

山本智佳央・楢原真也・徳永祥子・平田修三　2015　ライフストーリーワーク入門—社会的養護への導入・展開がわかる実践ガイド—　明石書店

● 第5章

Google　Google Maps　https://www.google.co.jp/maps/

Ryan, T. & Walker, R.　2003　*Life story work – a practical guide to helping children understand their past.* British Association for Adoption and Fostering.　才村眞理・浅野恭子・益田啓裕（監訳）　2010　生まれた家族から離れて暮らす子どもたちのためのライフストーリーワーク実践ガイド（pp.131-146）　福村出版

才村眞理　2009　生まれた家族から離れて暮らす子どもたちのライフストーリーブック　福村出版

才村眞理・大阪ライフストーリー研究会　2016　今から学ぼう！　ライフストーリーワーク―施設や里親宅で暮らす子どもたちと行う実践マニュアル―（pp.36-41）　福村出版

山本智佳央・楢原真也・徳永祥子・平田修三　2015　ライフストーリーワーク入門―社会的養護への導入・展開がわかる実践ガイド―　明石書店

● 第6章

才村眞理　2009　生まれた家族から離れて暮らす子どもたちのライフストーリーブック　福村出版

才村眞理・大阪ライフストーリー研究会　2016　今から学ぼう！　ライフストーリーワーク―施設や里親宅で暮らす子どもたちと行う実践マニュアル―（p.117, pp.118-126）　福村出版

社会的養護における「育ち」「育て」を考える研究会　2011　成果物　https://www.mhlw.go.jp/sisetu/musashino/study-group.html#c01（2020年4月27日閲覧）

山本智佳央・楢原真也・徳永祥子・平田修三　2015　ライフストーリーワーク入門―社会的養護への導入・展開がわかる実践ガイド―　明石書店

索 引

● 事 項

索引

人名

あとがきにかえて

　社会的養護の現場は非常に厳しい現状が存在しています。「新しい社会的養育ビジョン」に示されている高機能化の前の段階において，乗り越えなければならない課題が何層も重なっているのではないでしょうか。

　以下の図の場合，優先的に解決しなければならない課題としては，人の「確保」「育成」「支援」「定着」です。施設関係でいえば，子どもたちと直接関わりをもつ担当職員，食を支える調理員，それらを支える専門職，管理職，などです。また，里親，児童相談所などの関係機関も同様です。その次の段階は「ケースアセスメント」です。関係機関や子どもと家族と情報のやりとりを行い，相手の立場に立ち，子どもと家族の利益に基づいたプランを作成することです。その後は「日常生活支援」「専門支援」を丁寧に行います。それらの「質」の高い支援の積み重ねの上にケースの課題の

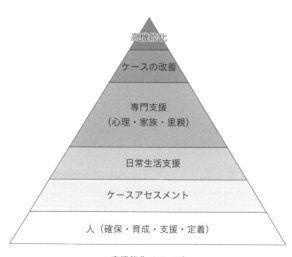

高機能化イメージ

改善が成り立っていきます。「高機能化」を果たすためには，まず，目の前のケースに集中することが求められています。本書で述べたライフストーリーワークは，ケースワークの延長線上に成り立ち，丁寧に実施をしていくことで，子どもとケースに大きな利益を運ぶきっかけをもたらすものであります。以前に比べると現在はライフストーリーワークを行うこと自体が特別なことではなくなってきています。この本で紹介した実践の事例もそうですが，子どもや家族，そして，ケース自体に深い「敬意」をもちながら，それぞれの現場において丁寧な関わりと実践をされている方々が数多くいらっしゃいます。しかし，その方々は，ご自身がどれほど素晴らしい考えと視点をもち，献身的な「愛」をもって子どもや家族，そしてケース自体に深く関わっているかを自覚していない場合が多いのです。また，献身的にケースに関わっている人の中には，周囲からの理解も得られずに，認められることもなく，心が折れそうになりながらも，それぞれの現場で孤独を感じながらも奮闘されている方も多いのではないでしょうか。この本で紹介したものを通して，ご自身の尊い「価値」を自覚し，自信を取り戻し，さらにケースとの深い向き合いが生じる機会になれば幸いです。

　この本の中では，ライフストーリーワークの肯定的な側面や考え方，結末についても紹介をしています。「過去」自体は，そのケースの当事者でしか理解ができない世界となります。当然，ライフストーリーワークを実施する過程においては，子どもと実施者にさまざまな変化が生じ，つらく難しい時期も出てくるでしょう。ライフストーリーワークを行うことで，すべてが肯定的に転換するということではありません。また，子どもの要求したものや知りたかった情報が望んでいた「結末」につながることにはならないかもしれません。

　しかしながら，自分自身が疑問に思ったことや知りたいこと，不安に思ったことや，つらかったことについて，「一緒に考えてくれる人がいる」「一緒に悩んでくれる人がいる」「一緒に探してくれる人がいる」ということ自体に深く大きな意味があります。それは，ライフストーリーワークを通して，過去と現在に直接，あるいは，間接的に関わった人たちの存在を確かめて，自身の「物語」をつくる過程にも同じことがいえます。今まで

自身の「生」を肯定できず，孤独の中で自分の存在に疑問を抱いていた場合には，自身の人生に肯定感を取り戻す機会ともなります。それは「生きていい」ということを確かめる作業でもあります。ライフストーリーブックをつくる，面接をする，「過去」に行くなどの表面の「形」にこだわることではありません。それらは「ツール」でしかありませんし，ライフストーリーワーク自体も，子どもと家族に対してのケースワークの1つの「ツール」となります。大切なのは，子どもとともに「物語」をどのようにつくり上げていくのかということになります。子どもと関わること自体においても「物語」は進行しており，その「物語」に終わりはありません。これから先の未来へと続いていきます。それらの「過去」「現在」「未来」の「物語」の中心に立つ「主人公」が「自分」であることを，子どもが明確に，そして自信をもって自覚できるようにするために，私たちが行っていくことは，「お手伝い」に徹することではないでしょうか。

最後になりますが，日々，ライフストーリーワークや社会的養護に関連する実践やさまざまな情報を先駆的に発信され続けている方々からは，常に多くの勇気をいただいております。この場をお借りして感謝申し上げます。また，この本の発刊にあたっては，たいへんお忙しい中，ご自身の取り組み，事例をまとめて執筆してくださった皆様，また，執筆にご協力いただいた皆様に深く感謝申し上げます。

そして，本書刊行にあたり，出版の決定，その後の準備にご尽力いただきました北大路書房の皆様，特に編集部の薄木敏之さんには深く感謝申し上げます。

この本に記されたものを，あらためて自身の「礎」としながら日々，精進を重ねていきたいと思います。

最後までお読みいただきありがとうございました。

編者　秋月　穂高

執筆者一覧

園部博範	編 者	はじめに，1章1. 4. 5. 6，3章
秋月穂高	編 者	1章3.，2章，4章，5章，あとがきにかえて
軀川 恒	鹿児島「かのや乳児院」	1章2.，6章2.
山口睦美	福岡市こども総合相談センター	6章1.
河野愛梨	福岡「若葉荘」	6章3.
山下 誠	鹿児島「愛の聖母園」	6章4.
大橋梨絵	長崎県里親会	6章5.
永岩味樹	特別養子縁組当事者	6章6.

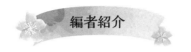
編者紹介

園部博範（そのべ・ひろのり）
鹿児島大学法文学部文学部心理学専攻科卒業
現在　崇城大学総合教育センター准教授，学生支援センター副センター長
　【主著】
　　家族療法と絵画療法（共著）　現代のエスプリ　至文堂　1989 年
　　御三家に学ぶ「お茶の間」の健康（共著）　法研　1993 年
　　となりの事情―平成家族案内―（共著）　ミネルヴァ書房　1995 年
　　子ども家庭福祉のフロンティア（共著）　晃洋書房　2009 年

秋月穂高（あきづき・ほだか）
社会福祉法人聖嬰会児童養護施設熊本天使園　統括主任
児童養護施設熊本天使園に入職して現在 19 年目。2011 年頃にホーム担当
児童にライフストーリーワークの実施を始めたのをきっかけとして現在に
至る。
　【主な資格】
　　ボーイズタウン・コモンセンスペアレンティング® 認定管理者

子どもに寄り添うライフストーリーワーク
──社会的養護の現場から──

2020 年 8 月 20 日　初版第 1 刷発行
2020 年11月 20 日　初版第 2 刷発行

編　者　　園　部　博　範

　　　　　秋　月　穂　高

発行所　　㈱北 大 路 書 房
〒 603-8303　京都市北区紫野十二坊町 12-8
　　　　　　　電話　(075)431-0361 ㈹
　　　　　　　FAX　(075)431-9393
　　　　　　　振替　01050-4-2083

印刷・製本／創栄図書印刷㈱

©2020　検印省略
定価はカバーに表示してあります。
落丁・乱丁本はお取り替えいたします。
ISBN978-4-7628-3117-1　Printed in Japan